STAËLLIANA.

DE L'IMPRIMERIE DE POULET,

QUAI DES AUGUSTINS, N⁰. 9.

A.L. G. NÉCKER,

Baronne de Staël-holstein

STAËLLIANA,

ou

RECUEIL

D'ANECDOTES, BONS MOTS, MAXIMES,
PENSÉES ET RÉFLEXIONS

de Madame la Baronne

de Staël = Holstein,

ENRICHI

de notes et de quelques pièces inédites de
cette femme célèbre;

PAR COUSIN D'AVALON.

A PARIS,

LA LIBRAIRIE POLITIQUE,
Rue Poupée, n°. 7.

1820.

AVERTISSEMENT.

En 1818, M. Regnault-Warin publia : *Esprit de Madame la baronne de Staël-Holstein; analyse philosophique du génie, du caractère, de la doctrine et de l'influence de ses ouvrages*, dans lequel cet écrivain juge en dernier ressort cette femme célèbre;

Avant Dieu, j'ai jugé les vivans et les morts.

En 1820, il parut une *notice sur le caractère de Madame de Staël, par Madame Necker de Saussure* (1), dans laquelle le

---

(1) 2. vol. in-8°., Paris, prix, 10 fr. Plancher, libraire, rue Poupée, n°. 7.

1

peintre toujours à genoux devant son modèle, en a fait le prototype du génie, des talens et des vertus. On doit pardonner cet enthousiasme à l'amitié, qui est même louable dans ses excès et dans ses erreurs.

Il nous eut été facile de faire un panégyrique comme une satire; mais l'un eut été aussi condamnable que l'autre. Nous avons laissé parler les faits, persuadés que le lecteur démêlera aisément le faux du vrai, la calomnie de la médisance.

NOTICE BIOGRAPHIQUE
SUR MADAME STAEL HOLSTEIN.

A. L. G. Necker, baronne de Staël Holstein, naquit à Paris en 1764 de Jacques Necker de Genève, contrôleur-général des finances sous Louis XVI, et de Suzanne Naaz, fille d'un ministre protestant.

Madame Necker entreprit l'éducation de sa fille, avec cette chaleur de zèle que lui commandaient impérieusement la tendresse d'une mère et l'idée du devoir ; son système était totalement opposé à celui de J. J. Rousseau (1),

---

(1) Celui de Rousseau, étant que les idées ne nous arrivent que par les sens, ce philosophe avait avancé, avec assez de rai_

elle prit la route contraire, et s'attacha à faire entrer dans une jeune tête une grande quantité d'idées, intimement persuadée qu'il faut beaucoup aider à l'intelligence. En conséquence de ce système, Mademoiselle Necker fit de fortes études; ce qui donna à ses facultés intellectuelles un accroissement prodigieux. Mais il en résulta que ce qui donnait une activité presqu'incroyable à l'être moral, affectait sensiblement l'être physique. Mademoiselle Neker ne tarda pas à s'en ressentir: la santé de

son, qu'il fallait commencer par perfectionner le physique, si l'on voulait obtenir un développement moral qui ne fut ni irrégulier, ni illusoire.

la jeune personne, alors àgée de 14 ans, déclina de jour en jour. Le docteur Tronchin, qui fut appelé, ordonna de l'envoyer à la campagne et de suspendre toutes études sérieuses. Ce fut à Saint-Ouen, qu'une vie poétique succéda pour Mademoiselle Necker, à une vie toute studieuse.

M. Necker aimait beaucoup sa fille, parce qu'il était chaque jour plus frappé de son esprit, et cet esprit n'était jamais plus charmant qu'auprès de lui; celle ci de son côté avait une tendresse vraiment filiale pour son père; mais cette tendresse n'était pas aussi vive pour sa mère.

En 1781, lorsque le *compte*

*

rendu fut publié, Mademoiselle Necker (alors âgée de 19 ans) écrivit une lettre anonyme, à son père qui en reconnut bientôt le style. Dès sa plus tendre jeunesse elle a composé. Elle écrivait des portraits, des éloges. Elle fit à quinze ans des extraits de l'Esprit des Lois avec des réflexions.

La réputation naissante de Mademoisselle Necker fit accueillir ses moindres productions; sa comédie intitulée : *Sophie* ou *les Sentimens Secrets*, pièce toute d'amour et d'amour malheureux, est remarquable par quatre caractères différens, qui se dessinent pourtant d'une manière nette et distincte.

La tragédie de *Jeanne-Gray*, qu'elle composa quelque temps après sa comédie, quoique défectueuse, annonça un véritable talent. Elle fit à peu près dans le même temps une seconde tragédie intitulée : *Montmorency*, pièce assez médiocre et qui n'a jamais été imprimée. Il paraît qu'un sentiment particulier avait influé sur le sujet, et que le nom de son ami, M. le vicomte Mathieu de Montmorenci, qu'elle se plaisait à répéter, fut la muse qui l'inspira.

Bientôt après parurent ses *Lettres sur les écrits et le caractère de J.-J. Rousseau*, dans lesquelles on entrevit un penseur, un moraliste, une femme capable de peindre les passions, mais tout cela confusément, et pour ainsi dire dans le nuage. Cet ouvrage fit beaucoup de sensation dans le public.

M. Necker songea à établir sa fille. Parmi le grand nombre d'aspirans à la main de Mademoiselle Necker, le choix d'un époux qui convint à ses parens et à elle ne fut pas facile à faire. Elle ne voulait pas quitter la France, et sa mère, protestante zélée, exigeait qu'elle épousât un homme de sa religion. Le baron de Staël-Holstein, alors ambassadeur de Suède en France, fut celui qui obtint la préférence. Le roi de Suède, Gustave III, dont il était aimé, avait favorisé ses prétentions, en lui promettant de lui assurer pour plusieurs années la place d'ambassadeur en France ; Mademoiselle Necker avait manifesté la crainte de quitter Paris, et M. de Staël s'était engagé à ne jamais la mener en Suède malgré elle. Quoiqu'il en soit, ce mariage ne fut pas un des mieux assortis. M. de Staël était beaucoup plus âgé que son épouse, et en outre il avait avec elle peu de rapports. Néanmoins le cours de cette union, qui n'avait été calculée que sur la vanité et l'intérêt, n'aurait point été interrompu, sans la prodigalité de M. de Staël. Quelque désordre s'étant mis dans ses affaires, Madame de Staël, pour mettre à l'abri la fortune de ses

enfans, crut devoir se séparer
de son époux. Cette séparation ne
fut pas de longue durée. Elle se
rapprocha de lui, et revenait
s'établir, avec son mari, en Suisse,
auprès de M. Necker, lorsque
la mort enleva M. de Staël.

Peu de temps après la publication des *Lettres sur Rousseau*,
commença la révolution dont elle
devint alors un des premiers parti-
sans. Mais au vif désir de voir la
liberté s'établir en France, succéda bientôt l'épouvante à la vue
des catastrophes sanglantes qu'en-
fanta le régne affreux de la terreur. A cette époque, elle fut hors
d'état d'entreprendre aucun travail suivi. Le premier usage qu'elle
fit cependant de son talent, fut

employé à la *défense de la reine* ;
et cependant elle n'avait jamais
été en faveur auprès de Marie-An-
toinette. Il règne dans cette pièce
un sentiment actif, profond, et
une pitié aussi ingénieuse que
délicate.

Après la chute de Robespierre
elle publia deux brochures anonymes ;

L'une intitulé : *Reflexions sur
la paix, adressées à M. Pitt et
et aux Français.*

L'autre : *Réflexions sur la
paix intérieure.*

Ces deux brochures contiennent l'expression des idées et des
sentimens de l'auteur sur la situation intérieure et extérieure de
la France, en 1795 : et ce qui est

digne de remarque , c'est qu'elle
dit à cette époque « que la France
» ne pouvait arriver à la monar-
» chie mixte, sans passer par le
» despotime militaire. »

Quelque temps après parut son
ouvrage : *De l'influence des passions sur le bonheur des individus et des nations.* L'auteur avait
divisé son plan en deux parties ;
l'une qui traite de la destinée des
individus, et l'autre du sort constitutionnel des nations. La première
moitié de ce plan est la seule qui
ait été exécutée. Un des chapitres
les plus remarquables, est celui de
l'esprit de parti , dont les jour-
naux, dans le temps, citèrent avec
éloge plusieurs fragmens.

Son ouvrage contre le *suicide,*

paraît être le complément du pré-
cédent. Elle le fit réimprimer en
1812, étant en Suède, et le dédia
au prince-royal (Bernadotte),
aujourd'hui Charles XIV Jean ,
roi de Suède.

Quatre ans après la publication de l'*Influence des Passions*,
Madame Staël donna son ouvrage
intitulé : *De la littérature considérée dans ses rapports avec les
institutions sociales*, où l'on est
singulièrement frappé de l'éten-
due de son esprit, du piquant et
de la chaleur de son style. Une
moitié de l'ouvrage est consacrée
à l'examen du passé, et l'autre à
la prévision des temps futurs.

Le roman de *Delphine* excita
la plus vive sensation parmi les

2

littérateurs et les femmes. L'intérêt y est puissamment soutenu.
On y remarque sur-tout la peinture nuancée des mouvemens les
plus délicats du cœur. Les caractères des personnages y sont en
général dessinés avec une force
et une justesse de touche extraordinaires.

Ce fut immédiatement après
avoir publié *Delphine*, c'est-à-
dire vers la fin d. 1803, que
Madame Staël, exilée par Bonaparte, fit son premier voyage en
Allemagne, où elle fixa auprès
d'elle M. Schlegel, qui l'accom-
pagna ensuite dans le cours de ses
autres voyages. Cette même année
elle perdit son père. La profonde
douleur que lui fit éprouver cette

perte, lui dicta cet admirable morceau sur la vie privée de M. Necker qu'elle fit imprimer à la tête
des manuscrits qu'elle avait lais-
sés. M. Benjamin Constant, l'un
de ses amis, aujourd'hui membre de la Chambre des Députés,
a signalé le mérite de cet écrit,
en disant qu'aucun des ouvrages
de Madame Staël ne peut la faire
aussi bien connaître.

Elle partit pour l'Italie avec
M. *Schlegel*; c'est cette terre clas-
sique des beaux arts, et si riche en
souvenirs, qui lui inspira *Corinne*
qui est son chef-d'œuvre. C'est
une composition de génie, dans
laquelle deux œuvres différentes,
un roman et un tableau de l'Italie
sont fondus ensemble. Tout ce

qui concerne les beaux arts est plein d'intérêt et de mérite. Il y a une fraîcheur, une vivacité extrême dans les impressions, et pourtant une érudition ingénieuse s'y laisse entrevoir. On lui a reproché que le héros de son roman n'est pas assez passionné ; on a même trouvé étrange qu'elle ait mis sur la première scène, un Anglais, dont l'âme froide est peu susceptible de tous les sentimens qu'elle veut bien lui prêter. Quelques personnes ont prétendu que le caractère d'Oswald est dans la nature ; il serait facile de montrer le contraire et même qu'il est hors de la ligne d'un véritable héros de roman. Une telle discussion nous mènerait un peu loin ; con-

tentons-nous d'admirer Corinne
et le beau talent de Madame Staël,
dans cette production , qui fera
époque dans la littérature du 19ᵉ.
siècle. Le succès de *Corinne* fut
prodigieux et il devait l'être ; c'é-
tait un ouvrage à toutes les por-
tées ; les artistes pouvaient puiser
un nouvel enthousiasme avec de
nouveaux moyens de l'exprimer ;
les érudits des rapprochemens
aussi ingénieux qu'inattendus ;
les voyageurs des aperçus nouveaux et des directions heureuses;
les critiques des observations
pleines de finesse et de sagacité ;
les *romantiques* de nouvelles
émotions et de déchirantes palpi-
tations de cœur; les petites mai-
tresses, des maux de nerfs, des

*

évanouissemens et des vapeurs.

C'est le seul ouvrage de Madame de Staël, où il n'y entre point de politique ; mais il eut le malheur de déplaire à Bonaparte qui ne voulait d'autre enthousiasme que celui de la victoire, et d'autre éloge que le sien.

Ne pouvant rentrer en France, cette femme célèbre alla en 1807 à Vienne, dans le dessein de rassembler de nouveaux matériaux pour son grand ouvrage sur l'Allemagne, où elle promit au prince de Ligne, vieillard aimable, qui avait conçu pour elle une grande affection, de publier une partie des anecdotes qu'il avait rédigées, en les faisant valoir par une préface, ce qui était leur assurer un plein succès littéraire, comme l'événement l'a prouvé.

Son ouvrage sur l'*Allemagne*, qu'elle publia ensuite, fut acceuilli avec le même empressement que l'avaient été ses autres productions. Dans ses écrits précédens, on la voit assez souvent s'occuper d'elle-même ; dans ce dernier elle ne cherche que le bien, celui des lettres, celui de la société, celui de l'âme. Le but constant de l'ouvrage est de montrer l'union intime et nécessaire du génie de la religion avec celui des beaux arts et de la haute philosophie, idée qui fait un des accessoires de l'ouvrage de M. le vicomte de Châteaubriant, intitulé *le Génie du Christianisme.*

La censure de Bonaparte y fit de nombreuses coupures, parce que l'auteur s'y était élevé avec force contre le despotisme; *l'homme des destinées* ayant cru pénétrer les intentions secrètes de l'auteur, les plus belles pages de l'ouvrage furent mises au pilon, et Madame Staël, persécutée de nouveau. Ses amis, M. de Montmorenci et Mme. Recamier, furent condamnés à l'exil pour lui avoir été porter des consolations dans une terre étrangère. Dès-lors elle prit la résolution de chercher une retraite en Russie. Ce fut au printemps de 1812 qu'elle entreprit ce voyage. Suivie de près par les armées françaises, Madame de Staël ne res-

pira pas même en Russie , car
déja ces armées étaient sur ses
pas. Son séjour à Pétersbourg ne
fut pas long., elle se retira en
Suède.

Au commencement de 1813 ,
elle passa en Angleterre. Ce fut
là qu'elle apprit la mort de son
second fils , jeune homme dont
le caractère fougueux lui avait
toujours donné des inquiétudes.
Le dernier ouvrage qu'elle
composa et dont la publication
n'eut lieu qu'après sa mort, fut
les *Considérations sur la révolution française*, 3 vol. in-8°. Il
eut deux éditions consécutives.
Un tiers de l'ouvrage est consacré
à la vie politique de M. Necker,
et les deux autres à une période

agitée de troubles politiques , et
à l'exposé d'une théorie des gou-
vernemens. On trouva déplacé
à la tête de cet ouvrage l'éloge
d'un ministre dont le système
d'emprunt avait contribué à accé-
lérer les malheurs de la France ;
mais on pardonna à l'auteur l'excès de piété filiale qui l'avait dicté

Cet ouvrage fournit dans le
temps aux journalistes une abondante récolte de discussions. Les
divers partis y trouvèrent un
aliment propre à favoriser leurs
prétentions. Le pour et le contre,
au moyen de citations isolées,
servirent puissamment à entrete-
nir une petite guerre polémique,
où chacun des combattans s'at-

tribua des avantages, qui plus ou moins contestés, ne furent pas toujours ratifiés par le public.

Après avoir donné un coup d'œil général et même un peu superficiel sur les ouvrages de Madame Staël, nous croyons devoir passer à la vie domestique, sociale et errante de cette femme dont la postérité gardera le nom.

M. Necker, disait de sa fille, que le ciel l'avait fait imprévoyante, et qu'elle était comme les sauvages, qui vendent leur cabane le matin et ne savent que devenir le soir. Aussi, une partie de sa conduite à prouvé l'assertion de son père. Mais dans la dernière période de sa vie, elle a démenti cette assertion.

Madame de Staël, quittant l'Al
lemagne, était déjà en route pour
Coppet, lorsqu'elle apprit la mort
de M. Necker. On doit se figurer
quelle fut la douleur de l'auteur de
Corinne , en pénétrant dans l'ap-
partement d'un père qu'elle avait,
pour ainsi dire, aimé jusqu'à l'ido-
lâtrie. Les convulsions , les hor-
ribles angoisses d'un cœur désolé,
manifestèrent la grandeur de la
perte qu'elle avait faite, et l'excès
de son affliction.

Les fruits de son union avec
M. Staël étaient quatre enfans ,
dont elle perdit un dans le cours
de ses voyages. Sans nous arrêter au plan d'éducation qu'elle
suivit à leur égard , nous nous
contenterons de citer quelques

Fragmens d'une lettre que Madame la duchesse de Broglie (sa fille), écrivit à Madame Necker de Saussure, relative à ce sujet :

« Ma mère attachait une gran-
» de importance à notre bon-
» heur, dans l'enfance, et pre-
» nait une part sensible aux
» chagrins de notre âge. Elle
» avait quelquefois des conver-
» sations d'égal à égal avec moi
» à l'âge de douze ans, et rien
» ne peut donner une idée de
» la joie qu'on éprouvait quand
» on avait passé une demi-heure
» d'intimité avec elle. On sentait
» une vie nouvelle, on était placé
» plus haut, et cela donnait du
» du courage pour toutes les
» études.

» Ses enfans l'ont toujours pas-
» sonnément aimée. Dès l'âge de
» cinq ou six ans nous nous
» disputions pour savoir celui
» de nous qui l'aimait le plus,
» et quand elle causait tête à
» tête avec un de nous, c'était
» une récompense dont nous
» étions vivement jaloux. On
» était heureux de cœur et d'a-
» mour-propre auprès d'elle.

» Le dimanche, elle lisait tou-
» jours avec nous les sermons
» de mon grand-père ; elle n'a
» jamais voulu avoir de gou-
» vernante pour moi , et elle
» m'a donné des leçons tous les
» jours dans ses plus grands
» chagrins. Le développement de
» notre esprit était une jouissance

» si vive pour elle , qu'il n'était
» aucune récompense qui pût
» valoir pour nous le spectacle
» du bonheur qu'on lui donnait.

» Elle s'est mise le plus tôt
» possible en relation d'égalité
» avec ses enfans, et leur a dit,
» non-seulement qu'elle avait be-
» soin d'eux par le cœur, mais
» même qu'ils pouvaient lui prê-
» ter une sorte d'appui. Dans ses
» chagrins d'exil , elle les con-
» sultait souvent. Je lui ai enten-
» du dire à Auguste, *j'ai besoin*
» *de ton approbation.* Elle me
» parlait de ma vie future , et
» de tous ses projets sur moi ,
» avec une franchise parfaite.

» Dans de certaines circons-

» tances, elle aurait remarqué
» qu'un de ses enfans avait été
» supérieur à elle en courage ou
» en décision ; elle aurait témoi-
» gné du respect pour son carac-
» tère, et cependant on ne ces-
» sait jamais de la respecter,
» et ce respect était toujours
» mêlé d'une sorte de crainte.
» Quoiqu'elle montrât la plus
» grande confiance, du moment
» qu'elle rentrait dans l'éduca-
» tion, elle in posait.

» Elle poussait fort loin le scru-
» pule à notre égard, se repro-
» chant même nos défauts, et
» nous disant : *Si vous aviez*
» *des torts, non-seulement j'en*
» *serais malheureuse, mais j'en*
» *aurais des remords.* Quand elle

» nous blâmait en disant : *C'est*
» *ma faute , je n'ai pas pu sup-*
» *porter l'exil , je ne vous ai pas*
» *donné l'exemple du courage*
» *et de la résignation* , cela était
» déchirant. Rien ne pourra ja-
» mais donner l'idée de l'impres-
» sion produite par ce mélange
» de dignité et de confiance ,
» d'émotion et de réserve , qu'il
» y avait dans sa manière vis-à-
» vis de ses enfans. Ces paroles
» qu'elle prononçait avec des lar-
» mes contenues, sont gravées
» dans leur âme , et l'idée de la
» souffrance qu'ils lui auraient
» causée en se conduisant mal ,
» l'idée des reproches qu'elle
» se serait fait à elle - même,
» est une des barrières les plus

*

» fortes pour les retenir dans le
» bien.

» Personne n'a jamais eu plus
» qu'elle de dignité naturelle, et
» c'est ce qui lui a permis d'ad-
» mettre ses enfans à la fami-
» liarité la plus intime, de leur
» inspirer même parfois de la
» pitié pour ses chagrins, sans
» qu'ils aient cessé de la révérer.
» Jamais une mère n'a été plus
» confiante et plus imposante à
» la fois. »

Quoique le premier mariage de
Madame Staël n'eût pas été suivi
de la satisfaction qu'elle devait en
attendre, ce ne fut pas un motif
pour l'auteur de Corinne de n'en
pas contracter un autre dans la
maturité de l'âge. La veuve de M. le

baron de Staël avait l'esprit ro-
mantique , et elle crut trouver
dans un second mariage le bonheur qu'elle avait espéré dans le
premier. Etant à Genève, elle eut
occasion de connaître M. Rocca ,
officier distingué autant par son
mérite militaire que par ses qualités personnelles. Ce jeune homme était encore malade et souffrant des blessures qu'il avait reçues en Espagne. Deux mots de
pitié , adressés par Madame de
Staël à cet infortuné , produisirent sur lui une espèce d'effet
miraculeux. Il reprit de nouvelles
forces , et l'espoir d'être à celle
qui lui avait inspiré la plus vive
passion , le ramena des bords de
la tombe à une nouvelle exis-

tence. *Je l'aimerai tellement*, dit il, à un de ses amis, *qu'elle finira par m'épouser*, ce qui eut lieu. Sans doute, Madame Staël aurait pu faire un choix mieux assorti ; mais l'inconvénient des mariages d'inclination, c'est précisement parce qu'on ne choisit pas. Ce mariage fut tenu secret ; elle eut sans doute mieux fait de le déclarer : il ne fut connu qu'après sa mort, arrivée à Paris, le 14 juillet 1817. Ce fut à l'âge de 53 ans qu'elle succomba à une hydropisie de poitrine. En mourant, elle regretta vivement ses enfans et ses amis. « Sa fille, dit » Madame Necker de Saussure, » lui a coûté bien des soupirs. » *Avec une telle fortune de cœur,*

» a-t-elle dit , en parlant des
» objets de ses affections , *avec*
» *une telle fortune de cœur,*
» *il est triste de quitter la vie.*
» Je serais bien fâchée, a-t-elle
» dit encore, *que tout fût fini*
» *entre Albertine* (madame de
» Broglie) *et moi dans un au-*
» *tre monde.* Mais elle a re-
» gretté la vie , plutôt qu'elle
» n'a véritablement redouté la
» mort. Elle a pu craindre les
» dernières souffrances; une ima-
» gination telle que la sienne a pu
» concevoir quelque horreur à
» l'idée , terrible pour tous , de
» la dissolution matérielle ; mais
» le trépas , moralement consi-
» déré, ne lui a pas causé d'effroi.
» Elle avait conservé assez de

» calme pour désirer encore dic-
» ter à M. Schlegel la peinture de
» ce qu'elle éprouvait. Toujours
» sa pensée s'est portée, avec
» espérance, vers son père et
» vers l'immortalité. *Mon père*
» *m'attend sur l'autre bord*, di-
» sait-elle. Elle voyait son père
» auprès de Dieu, et ne pouvait
» voir dans Dieu même autre
» chose qu'un père. Ces deux
» idées étaient confondues dans
» son cœur, et celle d'une bonté
» protectrice était inséparable de
» l'une et de l'autre. Un jour, en
» sortant d'un état de rêverie,
» elle dit : *Je crois savoir ce que*
» *c'est que le passage de la vie à*
» *la mort, et je suis sûre que la*
» *bonté de Dieu nous l'adoucit.*

» *Nos idées se troublent, et la*
» *souffrance n'est pas très-vive.* »

Ce fut le samedi 26 juillet que
les restes de Madame Staël arri-
vèrent à Coppet, dans une voi-
ture tendue de noir, qu'accom-
pagnaient M. de Staël et M. de
Schlegel. Le lundi, 28 juillet, on
déposa le cerceuil dans le mauso-
lée où sont ensevelis M. et Madame Necker. C'est un bâtiment
carré, de marbre noir, au milieu
d'un bosquet entouré de murs,
où Madame Staël allait souvent
faire des promenades solitaires.
On voit au-dessus de la porte du
tombeau un bas relief dont cette
femme célèbre avait indiqué le
sujet au sculpteur. Elle y est représentée à genoux, pleurant sur

le sarcophage de ses parens, qui semblent lui tendre la main du haut du ciel. Son dernier vœu avait été que ses cendres y fussent réunies.

Les membres du corps municipal de la commune de Coppet demandèrent à être eux-mêmes les porteurs du cerceuil, voulant donner ainsi une marque de respect à la mémoire d'une personne qui s'était fait chérir par ses bienfaits. La plupart des conseillers d'état du canton de Genève, vinrent assister à cette triste et touchante cérémonie. M. le duc de Noailles, vint de Rolle, dans la même intention. Le cortège fut très-nombreux. Outre les parens et les amis de Madame de Staël,

beaucoup des habitans de Genève
et des environs s'y étaient rendus
avec empressement. Des personnes de tous les âges et de toutes
les classes s'étaient réunies en
foule pour voir passer le convoi.
Le pasteur de la paroisse, M. Bar-
naud, prononça dans le château
de Coppet, auprès du cercueil,
un discours religieux, extrait en
grande partie des sermons de
M. Necker; un silence solennel
régna parmi les spectateurs,
pendant que le convoi se mit en
marche vers l'enceinte du tombeau.

Pour remplir les intentions de
Madame de Staël, on fit ensuite
une distribution d'argent aux
pauvres du voisinage.

4

Les premières paroles de son
testament retracent le sentiment
qui dominait sa vie , son respect
et sa tendresse pour la mémoire
de son père. Elle y autorise
M. de Staël et la duchesse de
Broglie à rendre public le mariage qui existait depuis quelque
temps entre elle et M. de Rocca,
et à présenter à leur famille le
fils qui en était né.

Nous croyons devoir terminer
cette notice par le portrait de
Madame la baronne de Staël, par
Madame la comtesse de Genlis.
Cette dernière , étourdie de la
réputation toujours croissante de
la fille de M. Necker, et par un
sentiment d'envie qu'elle cherchait vainement à dissimuler , se
permit dans une de ses brochures

d'esquisser ainsi le portrait de
Madame de Staël, sous le nom
de *Mélanide*.

« Parmi les femmes qui compo-
saient la société de***, Mélanide
était la moins aimable, et l'une
des plus remarquables par son
esprit ; mais personne encore
n'avait poussé plus loin l'enivre-
ment et l'aveuglement de l'a-
mour-propre, ce qui entraîne le
défaut de goût et produit toujours les ridicules les plus saillans.
Avec des traits et une taille hom-
masse, Mélanide ne pouvait se
trouver jolie ; mais elle se per-
suadait qu'elle était belle, et,
d'après cette opinion, elle avait
toute la recherche de la parure,
toutes les mines d'une coquette
uniquement occupée de sa figure.

Il y avait dans sa personne et dans
ses manières quelque chose de si
affecté, de si bisarre, que dès
qu'elle paraissait tous les yeux se
fixaient sur elle; et, prenant alors
l'étonnement et la curiosité pour
de l'administration, elle se disait
tout bas, *nulle femme n'a produit
cet effet*; et cette comique illusion
de son orgueil était parfaitement
exprimée par la *mâle assurance*
de son maintien, par son air intré-
pide et conquérant : elle ignorait
que les hommes qui aiment le
mieux les femmes, ne regardent
jamais fixement celles qui sont
jeunes, jolies, et modestes. La
galanterie à cet égard ressemble
à l'amour : elle craint de blesser
et de profaner son objet; elle
n'ose le contempler qu'à la dé-

robée; et c'est ainsi qu'en admi-
rant la beauté elle rend hommage à la pudeur. Mélanide avait
infiniment d'esprit, mais un esprit absolument dénué de graces;
et le désir ardent et continuel de
briller le rendait souvent faux,
Ne pensant qu'à elle, rappor-
tant tout à elle, ne parlant que
d'elle, directement ou indirecte-
ment, elle ne savait ni écouter, ni
répondre. Quand on ne voyait pas
clairement sa vanité, on la sentait;
on en était toujours ou frappé,
ou importuné. Les amis de Mélanide faisaient, d'elle, sans le vou
loir, la critique la plus piquante;
ils avouaient qu'elle contait mal,
qu'elle était dépourvue du charme du naturel et de la naïveté,
t de celui de la gaîté; mais ils

*

prétendaient qu'elle avait dans la conversation *de la force et de l'éloquence.* Cette singulière admiration ressemblait plus à une épigramme qu'à un éloge. Sans doute on peut être *éloquent* tête-à-tête avec ce qu'on aime, tandis que dans la conversation il faut, non les talens d'un orateur, mais de la grâce et du naturel. Dans la société la plus intime, un entretien agréable est toujours un dialogue vif et serré : l'usage du monde en exclut les *longues tirades*, et par conséquent l'éloquence ; rien n'y doit être approfondi : la variété, la légèreté en font le charme ; *la force* y serait déplacée, elle n'y paraîtrait que de la pesanteur. »

Ce portrait ne fut que le pré-

Inde des critiques amères dont Madame de Genlis ne cessa de harceler Madame de Staël, tandis que cette dernière était en butte à la persécution : *elle m'a attaquée*, disait l'auteur de Corinne, *je l'ai louée : c'est ainsi que nos correspondances se sont croisées.*

Mais quand, sous le règne de Napoléon, l'auteur d'Adèle et Théodore eut l'impertinence de parler de Madame Necker, en termes défavorables, Mme. Staël en conçut la plus vive irritation. *S'imagine-t-on*, disait-elle, *parce que je m'abandonne moi-même, que je ne défendrai pas ma mère? Que madame de Genlis s'en prenne à mes ouvrages, à ma personne tant qu'elle voudra; les uns sont là pour se faire lire,* l'autre pour se faire aimer ou craindre. Mais ma mère morte, ma mère qui n'a plus que moi dans le monde pour prendre son parti!... Elle a préféré mon père à moi, et elle a eu bien raison sans doute; je sens d'autant mieux que j'ai tout son sang dans mes veines, et tant que ce sang coulera, je ne la laisserai pas outrager. On fut long-temps avant de lui persuader qu'il serait au moins inutile de repousser cette agression, parce qu'écrivant, en pays étranger, son ouvrage ne parviendrait qu'aux hommes du gouvernement français, qui seraient intéressés à en arrêter la publication. Elle suivit les conseils de l'amitié et renonça à un projet qui n'était point dans son cœur.

STAËLLIANA

ou

RECUEIL

D'anecdotes, bons mots, sail-
lies, etc., réflexions, pensées,
opinions de Madame la baronne
de Staël-Holstein, etc., etc.

Un homme de lettres de ses amis,
l'a ainsi représentée dans un portrait
inédit (1) dont voici les principaux
fragmens. Ce morceau est censé tra-
duit d'un poëte grec.

(1) Mademoiselle Necker, depuis baronne
de Staël-Holstein, à l'âge de vingt ans, était
l'idole de son père, et faisait l'admiration
des savans et des hommes de lettres qui
étaient admis chez le ministre.

« Zulmé n'a que vingt ans, et elle
» est la prêtresse la plus célèbre
» d'Apollon; elle est la favorite du
» dieu; elle est celle dont l'encens
» lui est le plus agréable, dont les
» hymnes lui sont les plus chers; ses
» accens le font, quand elle le veut,
» descendre des cieux, pour embellir
» son temple et pour se mêler parmi
» les mortels....

» Du milieu de ces filles sacrées (le
» chœur des prêtresses), s'en avance
» tout à coup une : mon cœur s'en
» souviendra toujours. Ses grands
» yeux noirs étincelaient de génie ;
» ses cheveux, de couleur d'ébène,
» retombaient sur ses épaules en bou-
» cles ondoyantes; ses traits étaient
» plutôt prononcés que délicats; on
» y sentait quelque chose au-dessus
» de la destinée de son sexe. Telle il

» faudroit peindre ou la Muse de la
» poésie, ou Clio, ou Melpomène.
» La voilà! la voilà! s'écria-t-on
» quand elle parut, et on ne respira
» plus.

» J'avais vu autrefois la Pythie de
» Delphes ; j'avais vu la Sybille de
» Cumes : elles étaient égarées ; leurs
» mouvemens avaient l'air convulsifs;
» elles semblaient moins remplies
» de la présence d'un dieu que dé-
» vouées aux furies. La jeune prê-
» tresse était animée sans altération,
» et inspirée sans ivresse. Son charme
» était libre, et tout ce qu'elle avait
» de surnaturel paraissait lui appar-
» tenir.

» Elle se mit à chanter les louanges
» d'Apollon, en unissant sa voix aux
» sons d'une lyre d'or et d'ivoire.
» Les paroles et la musique n'étaient

» point préparées. A la flamme cé-
» leste de la composition qui exaltait
» son visage, à la profonde et sérieuse
» attention du peuple, on voyait que
» son imagination les créait à la fois ;
» et nos oreilles tout ensemble éton-
» nées et ravies, ne savaient qu'ad-
» mirer le plus de la facilité ou de la
» perfection.

» Peu après elle posa sa lyre,
» et elle entretint l'assemblée des
» grandes vérités de la nature, de l'im-
» mortalité de l'âme, de l'amour de
» la liberté, du charme et du danger
» des passions. . . . .

» En ne faisant que l'entendre, on
» eût dit que c'étaient plusieurs per-
» sonnes, plusieurs âmes, plusieurs
» expériences fondues en une seule;
» en voyant sa jeunesse, on se deman-
» dait comme elle avait pu faire

» pour exister avant de naître, et
» pour deviner la vie....

  » Je l'écoute, je la regarde avec
» transport; je découvre dans ses
» traits des charmes supérieurs à la
» beauté. Que sa physionomie a de
» jeu et de variété! que de nuances
» dans les accens de sa voix! quel
» accord parfait entre la pensée et
» l'expression! Elle parle, et si ses
» paroles n'arrivent pas jusqu'à moi,
» ses inflexions, son geste, son
» regard me suffisent pour la com-
» prendre. Elle se tait un moment,
» et ses derniers mots résonnent dans
» mon cœur, et je trouve dans ses
» yeux ce qu'elle n'a pas dit encore.
» Elle se tait entièrement, alors le
» temple retentit d'applaudissemens;
» sa tête s'incline avec modestie; ses
» longues paupières descendent sur

» ses yeux de feu , et le soleil reste
» voilé pour nous. » (1)

A ce portrait, nous ferons succéder
celui esquissé par le Jésuite Cérutti
quelques années après; parmi plusieurs
coups de pinceaux assez mal appliqués,
il s'en trouve quelques-uns qui ont
le mérite de la fidélité.

« Un esprit nerveux, brillant, profond , cultivé , deviendra peut-être
un don inutile et vraisemblablement
funeste. Voilà le premier fruit d'une
éducation négligée, ou plutôt mal
dirigée.

» Madame de Staël, née sans grâces,
sans beauté, sans noblesse, n'a sup-
pléé à rien par le travail sur elle-même.

---

(1) Ce portrait est un peu flatté , mais on
doit pardonner à l'enthousiasme , lorsque
l'objet est digne de l'inspirer.

Son maintien est sans dignité, son
ton sans recherche, sa gaîté sans
nuances, son extérieur sans agrément;
sa conversation est tranchante ; sa parure négligée , ses penchans extraordinaires ; mais un esprit original fait
pardonner cet amas de ridicules qui
se la partagent tour-à-tour.

» Elle ne sait pas bien ce que c'est
que le bon sens. Delà , jamais de
mesure ; sollicitant à tort et travers ;
jugeant au lieu d'écouter ; épousant,
à chaque occasion , des vengeances
étrangères; se brouillant à tout propos,
ne se raccommodant jamais ; toujours
prête à sacrifier ce qu'elle possède à
ce qu'elle espère.

» Tout est pour elle au-delà marche
ordinaire. Née de parens faits pour
être obscurs, elle a passé dans le faste
des cours. Elle s'est vue appelée à

une grande fortune, à hériter d'une grande réputation, à supporter une disgrâce. A cette marche brillante de la fortune, la nature l'avait préparée, en lui donnant une âme de feu, une grande élévation d'idées, un talent peu commun. Il faut donc qu'elle fournisse une carrière neuve.

» N'est-ce pas l'avoir commencée, que d'avoir achevé seule, et même sans conseils, un ouvrage qui jusqu'ici a été l'écueil de son sexe. Les prôneurs trouvent un chef-d'œuvre où les hommes de goût n'appercoivent que deux belles scènes, un moment heureux et une suite de beaux vers. Mais ces hommes pensent aussi que deux belles scènes sont peut-être le *nec plus ultra* de vingt ans (1).

---

(1) *Jeanne Gray*, tragédie.

» Une autre production plus connue donne les plus heureux augures, parce qu'elle est pleine de défauts, parce qu'il est un âge où il faut avoir des défauts. Dans ce charmant ouvrage, rien n'est lié, rien n'est exactement vrai; pas un tableau fini, mais presque toujours les nuances les plus fines sont adroitement saisies : les expressions partent du fond d'une âme à qui la sagacité épargne la peine d'approfondir, qui devine ce qu'elle ne peut voir, ou voit toujours au-delà de ce qu'on lui montre.

» Madame de Staël serait inexcusable, si elle avait de l'ambition en politique ou la fureur du bel esprit. Elle a dû voir, depuis son enfance, combien l'une tourmente, et combien l'autre est ridicule. Encore quelques années, elle verra aussi combien une

lecture suppose de prétentions. As-
sembler une trentaine d'auditeurs
pour se faire admirer, est révoltant ;
les inviter à entendre, c'est inviter à
louer.

» Ah ! si un ami de madame Staël
allait la trouver dans son boudoir,
et lui tenait à peu près ce langage: « Il
» est un charme qu'on nomme la pu-
» deur ; ce n'est point une qualité,
» mais le lustre de toutes les quali-
» tés; elle inspire la confiance et com-
» mande l'estime; elle rallume le désir
» et fait pardonner aux faiblesses,
» elle exalte l'imagination et donne
» une jouissance, même lorsque les
» sens en perdent volontairement le
» souvenir. Son charme se répand,
» dans le maintien, dans les regards,
» dans le sourire. La démarche, les
» gestes, l'attitude l'annoncent. Il
» donne la plus heureuse prévention,

» et occasionne une si douce erreur,
» qu'elle seule commence toutes les
» vraies passions.

Cet ami devrait ajouter encore :
» les ris immodérés, l'élévation de
» la voix, le regard dur ou audacieux,
» le ton tranchant, les apostrophes
» inconsidérées, la familiarité avec
» un sexe différent, l'air de n'ignorer
» rien avec l'air de ne prendre garde
» à rien, tout cela et mille autres
» petites choses trop minutieuses, et
» trop importantes pour n'être pas
» corrigées chez ceux qu'on aime,
» affligent véritablement la pudeur.
» Elle s'éloigne à regret, mais elle s'é-
» loigne des personnes chez qui se
» rencontrent ces taches, et les
» abandonne aux projets de ceux
» qui se font un jeu de séduire, tou-
« jours également prêts aux sermens
« et aux parjures.

» Je n'ai connu que deux hommes
faits pour moi, s'écriait un jour madame de Staël, mon père et mon ami.
Ce sont les deux seuls occasions où il
est permis d'exagérer et même de se
grossir tout-à-fait les objets. Cet état
habituel d'enthousiasme empêche de
juger sainement.

» Madame de Staël a quelque chose
de commun avec les vestales, c'est son
génie ; comme leur feu, il ne s'éteint
jamais. Rarement elle parle pour dire
de ces riens de convention qui épui-
sent l'attention ; plus rarement encore
écrit-elle sans idées ; j'ai vu souvent
de ses lettres, sans style, sans soins ;
jamais je n'en ai vues sans esprit, sans
une de ces pensées qui se retiennent.

» Madame de Staël a un plan, il per-
ce ; elle veut aller au-delà de son sexe.
Elle consent qu'il y ait d'autres femmes

d'esprit; mais elle leur laisse les fleurs et court aux lauriers. »

~~~~~~~~~

Mlle. Necker était une enfant plein de gaîté, de vivacité et de franchise. L'idée de plaire à ses parens était un motif très-actif chez elle. A l'âge de dix ans, témoin de la grande admiration que leur inspirait M. Gibbon, elle s'imagina qu'il était de son devoir de l'épouser (et l'on sait par madame de Genlis ce qu'était cette figure), afin qu'ils puissent jouir constamment d'une conversation qui leur était si agréable ; et l'on prétend qu'elle fit sérieusement la proposition de ce mariage à sa mère.

~~~~~~~~~

« Je dois à l'incroyable pénétration
» de mon père, répétait souvent
» madame de Staël, la franchise de
» mon caractère et le naturel de mon

» esprit. Il démasquait toutes les affec-
» tations, et j'ai pris auprès de lui
» l'habitude de croire que l'on voyait
» clair dans mon cœur. »

~~~~~~~

La catastrophe sanglante qui préci-
pita du trône Louis XVI, pour faire
rouler sa tête sur l'échafaud, a fourni
à madame de Staël, la digression suivante, dans laquelle on remarque
son rare talent de tirer d'un fait une
suite d'observations aussi neuves que
judicieuses, de sonder avec un art
particulier tous les replis du cœur
humain, pour développer les motifs
les plus cachés d'un action quelconque,
et pour en faire jaillir sans effort ces
traits de lumière inattendus qui, sans
éblouir l'esprit, contribuent à l'éclai-
rer, en l'éloignant des fausses routes du
paradoxe ou du sophisme.

» Enfin, un homme avait vu toutes
» les prospérités de la terre se réunir
» sur sa tête ; la destinée humaine
» semblait s'être agrandie pour lui,
» et avoir emprunté quelque chose
» des rêves de l'imagination : roi de
» vingt cinq millions d'hommes,
» tous leurs moyens de bonheur
» étaient réunis dans ses mains pour
» valoir à lui seul la jouissance de les
» dispenser de nouveau : né dans
» cette éclatante situation, son âme
» s'était formée pour la félicité, et le
» hazard qui, depuis tant de siècles,
» avait pris, en faveur de sa race,
» un caractère d'immutabilité, n'of-
» frait à sa pensée aucune chance de
» revers, et n'avait pas même exercé
» sa réflexion sur la possibilité de la
» douleur ; étranger au sentiment du
» remords, puisque dans sa cons-

» cience il se croyait vertueux, il
» n'avait éprouvé que des impressions
» paisibles. Sa destinée, ni son
» caractère ne le préparant point à
» s'exposer aux coups du sort, il
» semblait que son âme devait suc-
» comber au premier trait du malheur;
» cet homme, cependant, qui man-
» qua de la force nécessaire pour
» préserver son pouvoir, et fit douter
» de son courage, tant qu'il en eut
» besoin pour repousser ses ennemis;
» cet homme, dont l'esprit naturel-
» lement incertain et timide, ne sut
» ni croire à ses propres idées, ni
» même adopter en entier celles d'un
» autre; cet homme s'est montré
» tout-à-coup capable de la plus
» étonnante des résolutions, celle de
» souffrir et de mourir.

» Louis XVI s'est trouvé roi pen-

» dant le premier orage d'une révo-
» lution sans exemple dans l'histoire.
» Les passions se disputaient son
» existence ; il représentait à lui seul
» toutes les idées contre lesquelles
» on était armé. A travers tant de
» dangers , il persista à ne prendre
» pour guide que les maximes d'une
» piété superstitieuse; mais c'est à
» l'époque où la religion seule
» triomphe encore ; c'est à l'instant
» où le malheur est sans espoir , que
» la puissance de la foi se développa
» tout entière dans la conduite de
» Louis : la force inébranlable de
» cette conviction ne permit plus
» d'apercevoir dans son âme l'ombre
» d'une faiblesse ; l'héroïsme de la
» philosophie fut contraint à se pros-
» terner devant sa simple résignation;
» il reçut passivement tous les arrêts

6

» du malheur, et se montra cepen-
» dant sensible pour ce qu'il aimait;
» comme si les facultés de sa vie
» eussent doublé à l'instant de sa mort.
» Il compta, sans frémir, tous les
» pas qui le menèrent du trône à
» l'échafaud; et dans l'instant terrible
» où il lui fut encore prononcé cette
» sublime expression : *fils de St.-*
» *Louis, montez au ciel!* telle était
« son exaltation religieuse, qu'il est
» permis de croire que ce dernier
» moment même n'appartint point
» dans son âme à l'épouvante de la
» mort. »

Dans les *mémoires pour servir à la vie d'un homme célèbre* (1), on lit

_____

(1) Paris, 2 vol. in-8o.; Plancher, libraire, rue Poupée, no. 7. Prix : 9 fr.

l'anecdocte suivante, que nous rap-
portons ici sans la garantir.

Siéyes écrivait et répétait souvent,
qu'il se défiait du teint jonquille de
Bonaparte, et que celui qui avait les
joues si creuses, n'employait pas
toutes ses nuits à dormir.

« A propos de cette maigreur, dit
« Bonaparte dans ses mémoires, ou
» plutôt dans ceux qu'on a publiés
» sous son nom, je me rappelle un
» mot assez drôle de madame Staël.
» Cette nouvelle philaminte politique,
» qui ne fut jamais plus républicaine
» que depuis qu'elle était baronne,
« etplus anglaise que depuis qu'elle
« fut suédoise, se trouvait à table
» chez Barras entre Siéyes et moi.
» L'abbé n'est ni très-blanc, ni très-
» gros, ni très-joli. On était au dessert.
» Il nous avait lû je ne sais quel projet

» additionnel à la constitution ; car
» depuis vingt-ans, ce grand vicaire,
» qui laissait son diocèse de Chartres
» manquer de mandemens, ne laissait
« pas la France jeûner de constitutions.
» Celle-ci, plus embrouillée, plus
» abstraite, plus idéologue qu'aucune,
» était griffonnée sur trois ou quatre
» enveloppes de lettres roussies par
» le tems ou la chaleur du cachet.
» C'était à la mi-octobre ; et la tem-
» pérature, très-froide et très-plu-
» vieuse quelques jours auparavant,
» avait tout-à-coup tourné au chaud
» sec. Quelqu'un dit : Barras, je
» crois que nous aurons cette année,
» deux automnes. Oui, dit madame
» Staël, en glissant sur l'abbé Siéyes
» un regard qu'elle ramena et fixa
» sur moi, l'automne des feuilles,
» et celui des fruits. L'abbé demanda

» s'il fallait dire celui ou celle, en
» parlant de l'automne, et prétendit
» que le féminin était plus usité. *C'est*
» *possible, mon cher abbé, répondit*
» la baronne, *et quand il s'agira de*
» *l'automne des feuilles, c'est plus*
» *naturel. Pour l'automne des fruits,*
» *il est décidément masculin : n'est-*
» *il pas vrai, général ?*

~~~~~~~~~

Bonaparte n'aimait pas qu'une femme se mêlât de balancer les intérêts
des Etats. A l'époque où il n'était
encore que général, il se trouva
dans un cercle, où madame Staël
venait dans une espèce de dissertation
aussi spirituelle, que bien raisonnée,
de juger les différens partis qui
avaient successivement gouverné la
France. Tout le monde joignait son
avis au sien et applaudissait à son

*

esprit : Bonaparte seul se taisait; elle s'en aperçut. « —Eh bien ; général , » est-ce que vous n'êtes pas de mon » avis?—Madame, je n'ai pas écouté, » parce que je n'aime pas que les » femmes se mêlent de politique. — » Vous avez raison, général, répondit » l'aimable raisonneuse ; mais dans » un pays où on leur coupe la tête , » il est naturel qu'elles aient envie de » savoir pourquoi. »

Bonaparte ne répliqua : rien c'est un homme que la résistance et une bonne raison appaisent : ceux qui ont souffert avec tant de résignation son despotisme, doivent en être autant accusés que lui-même.

Madame de Staël, qui avait traité Napoléon de *Robespierre à cheval,*

ajouta qu'il était l'exécuteur testamen-
taire de l'avocat d'Arras.

~~~~~~~~~~

Dans son ouvrage sur *L'influence
des passions*, madame Staël, dit un
écrivain moderne, unit la sagacité de
Loke, la sensibilité de *J.J. Rousseau*,
et l'eloquence de *Platon* ; c'est un
voyage dans le monde sensible, où
elle a parsemé de fleurs des contrées
inconnues.

~~~~~~~~~~

Portrait d'Attila. (1)

. . . .

» Enfin il paraît ce terrible Attila,
» au milieu des flammes qui ont con-

---

(1) On sait que Bonaparte ne se trompa
point sur la ressemblance du portrait, et
qu'il crut devoir exiler de France celle qui
se permettait de telles licences.

» sumé la ville d'Aquilée; il s'assied
» sur les ruines des palais qu'il vient
» de renverser, et semble à lui seul
» chargé d'accomplir en un jour
» l'œuvre des siècles. Il a comme une
» sorte de superstition envers lui-
» même, il est l'objet de son culte;
» il croit en lui; il se regarde comme
» l'instrument des décrets du ciel, et
» cette conviction mêle un certain
» système d'équité à ses crimes. Il
» reproche à ses ennemis leurs fautes,
» comme s'il n'en avait pas commis
» plus qu'eux tous; il est féroce, mais
» c'est un barbare qui veut paraître
» généreux; il est despote, mais sa
» fermeté n'est que dans le crime;
» enfin, au milieu des richesses du
» monde, il vit comme un soldat,
» et ne demande à la terre que la jouis-
« sance de la conquérir. »

. Un Suédois, ami de madame Staël, lui ayant dit un jour, au sujet de l'esprit, dont elle ne pouvait souffrir qu'on médît, et qu'on représentât un tel avantage comme nuisible au bon sens et par-là même au bonheur : *les gens d'esprit, quoique vous prétendiez, ont bien des travers*, reprit - elle, *c'est vrai ; mais malheureusement les bêtes en ont aussi, quoiqu'il ne vaille pas la peine d'y faire attention.*

« La révolution de France, dit
» madame de Staël, est une des gran-
» des époques de l'ordre social. Ceux
» qui la considèrent comme un évé-
» nement accidentel, n'ont porté
» leurs regards ni dans le passé ni
» dans l'avenir. Ils ont pris les acteurs
» pour la pièce ; et, afin de satisfaire
» leurs passions, ils ont attribué aux

6

» hommes du moment, ce que les
» siècles avaient préparé. » Pensée
aussi juste que profondément sentie.

~~~~~~~~

« Le droit public de la plupart des
» états Européens, repose encore
» aujourd'hui sur le code de la con-
« quête. »

~~~~~~~~

Madame de Staël croyait peu à la
faiblesse des nerfs, et aux évanouis-
sement prévus des femmes à la mode;
elle méprisait même un peu trop le
soin minutieux de la santé : *j'aurais
pu être malade tout comme une autre,*
disait-elle un jour à une amie, *si je
n'avais pas vaincu la nature physique;
mais, hélas! avec cette nature, on
n'a jamais le dernier mot.*

~~~~~~~~

Lorsque l'ouvrage de madame Staël sur *l'Allemagne* parut, on fit circuler les stances suivantes, où la malignité s'égaya aux dépens de la Baronne.

De Coppet, la docte héroïne,
Prépare un volume nouveau.
Ciel! que je tremble pour Racine,
Et pour Molière et pour Boileau!

Madame, dans sa poétique,
Réglant, jugeant, déplaçant tout,
Voit du Léman à la Baltique
Régner ses charmes et son goût.

Du long drame aux scènes bourgeoises
Elle est un digne défenseur ;
Toutes les muses hambourgeoises
La reconnaissent pour leur sœur.

Schlégel (1), dont elle suit les traces,
Écrit avec moins de clarté ;
Genève lui donna ses grâces,
Et Thomas sa légèreté.

_____

(1) Littérateur Allemand, compagnon de voyage de Madame de Staël, qui a le mal-

Courage , ô profonde Corinne !
Du siècle avancez les progrès ;
On reconnaît votre origine ,
Dans vos écrits comme en vos traits.

Votre père (1) , aimait la phrase,
D'un pédant il n'eut pas le ton ;
Sa femme (2) parlait sans emphase ;
Mais elle était prude , dit-on.

Ce défaut là n'est pas le vôtre ,
La raison va croissant toujours ;

———————————————————

heur de ne point sentir les beautés de nos
grands auteurs tragiques.

(1) M. Necker, dont les expériences finan-
cières ont été si heureuses pour la France ;
banco-financier-moraliste, dont les volumes
philantropiques ont fait une si grande sensation en Europe.

(2) Madame Necker , connue dans le
monde philosophique par 5 gros vol. in-8°.
de *Mélanges* , qu'un amateur a bien voulu
réduire , pour la réputation de cette dame ,
et la satisfaction du public, à 1 vol. in-12.

Platon ne serait plus l'apôtre
Des Philamintes de nos jours.

Sur ce point vous êtes Française ;
Soyez-donc bonne, épargnez-nous :
Paris contient, ne vous déplaise,
De beaux esprits dignes de vous.

Revenez, et de votre éloge
L'écho d'Auteuil va retentir ;
Vous verrez en petite loge
Misanthropie et repentir.

Cubières (1) vous trouve charmante,
Tissot (2) est fou de votre esprit ;
Tout l'Institut vous complimente,
Le vieux Mercier (3) chez vous s'écrit.

---

(1) Dorat-Cubières de Palmezeaux, dont les productions, tant en prose qu'en vers, font un des principaux ornemens des quais.

(2) Poëte et littérateur, à qui nous sommes redevables d'une traduction des Églogues de Virgile, et de quelques articles dans le journal le *Constitutionnel.*

(3) Feu Louis-Sébastien Mercier, auteur du *Tableau de Paris*, etc., etc.

Sur nos auteurs de mélodrames,
Vous jeterez un doux regard ;
Ils font pleurer toutes les dames
Du Marais et du Boulevard.

Près d'eux, Radcliffe (1) est sans merveille ;
Schiller (2) fut trop Racinien ;
Kotsbue (3) a trop suivi Corneille,
Et Schespeare (4) n'osa rien.

Sur la grammaire et la critique,
On vous promet trente in-quarto ;
Vous aurez en métaphysique,
Destut, Garatt, Dégérando (5).

_____

(1) Célèbre romancière anglaise, dont les productions lugubres et sombres, sont égayées par des spectres, des revenans et des diables.

(2) Dramaturge allemand, d'une réputation prodigieuse, par ses conceptions.

(3) Autre dramaturge allemand, auteur de *Misanthropie et Repentir*, et d'une foule de pièces théâtrales dont raffolent ses compatriotes.

(4) Le Saint-Christophe de la tragédie.

(5) Trois fameux idéologues, dont les rêveries font les délices de tous ceux qui, loin du bon sens vont chercher leurs idées.

Comme vous ils ont l'art suprême
D'analyser le sentiment ;
Les docteurs de Gottingue même,
Ont moins d'esprit et d'agrément.

Oh ! quel charme heureux accompagne
Dégérando, Garat, Destut ;
On est toujours en Allemágne
Avec Messieurs de l'Institut.

~~~~~~~~~~

Madame de Staël était ennemie du luxe; le seul auquel elle mît du prix, était la facilité de loger ses amis chez elle, et de donner à diner aux personnes qu'elle avait envie de connaître. *J'ai pris un cuisinier qui court la poste, disait-elle, n'est-ce pas là exactement ce qu'il me faut pour donner à diner au débotté dans toute l'Europe ?*

~~~~~~~~~~

« L'éclat et la splendeur d'un palais servent à l'amour propre de celui qui le possède; mais la décoration soignée, la parure et la bonne intention des petites demeures ont quelque chose d'hospitalier. »

~~~~~~~~~

Le jésuite Bouhours avait mis en question si un Allemand pouvait avoir de l'esprit : cette question, un peu injurieuse pour la nation allemande, semble avoir été à peu près résolue par madame de Staël, dans l'ouvrage qu'elle a publié sur l'Allemague, dans lequel, après une série d'observations aussi neuves que judicieuses, elle ajoute : *c'est l'imagination, plus que l'esprit, qui caractérise les Allemands.*

~~~~~~~~~

« J'ai eu entre les mains, écrit madame de Staël, une lettre de Mirabeau, écrite pour être montrée à Louis XVI; il y offrait tous ses moyens pour rendre à la France une mo-

narchie forte et digue, mais limitée;
il se servait, entre autres, de cette
expression remarquable : *Je ne vou-*
drais pas avoir travaillé seulement à
une vaste destruction. Toute la lettre,
ajoute-t-elle, faisait honneur à la justesse de sa manière de voir. Sa mort
fut un grand mal à l'époque où elle
arriva : une supériorité transcendante
dans la carrière de la pensée, offre
toujours de grandes ressources. Mirabeau n'était pas encore tout à fait un
homme de génie, mais il en appro-
chait à force de talens. »

~~~~~~~~~~

Les points de vue différens sous
lesquels madame de Staël considère,
dans son ouvrage sur l'Allemagne,
Frédéric II, ou le grand Frédéric;
le jugement qu'elle porte sur son

esprit et son caractère, la sagacité
avec laquelle elle apprécie ses qualités,
ne ressemblent en aucune manière à
tous ces portraits d'imagination et de
fantaisie que plusieurs écrivains de
nos jours ont tracés de ce prince. Il
y a dans tout ce qu'elle dit un fonds de
vérité qui donne un relief éclatant à
ses observations et à ses aperçus
pleins de finesse sur ce roi philosophe.

« Un homme a créé la Prusse que
la nature n'avait point favorisée, et
qui n'est devenue une puissance que
parce qu'un guerrier en a été le maître.
Il y a deux hommes très-distincts dans
Frédéric II ; un Allemand par la nature, et un Francais par l'éducation.
Tout ce que l'Allemand a fait dans un
royaume allemand, y a laissé des
traces durables ; tout ce que le Fran-

çais a tenté n'a point germé d'une manière féconde.

» Frédéric II était formé par la philosophie française du 18e. Siècle : cette philosophie fait du mal aux nations, lorsqu'elle tarit en elles la source de l'enthousiasme ; mais quand il existe telle chose qu'un monarque absolu, il est à souhaiter que des principes libéraux tempèrent en lui l'action du despostime. Frédéric introduisit la liberté de penser dans le nord de l'Allemagne ; la réformation y avait amené l'examen, mais non pas la tolérance ; et, par un contraste singulier, on ne permettait d'examiner qu'en prescrivant impérieusement d'avance le résultat de cet examen. Frédéric mit en honneur la liberté de parler et d'écrire, soit par ses plaisanteries piquantes et spirituelles qui

ont tant de pouvoir sur les hommes
quand elles viennent d'un roi ; soit
par son exemple plus puissant encore ;
car il ne punit jamais ceux qui disaient
ou imprimaient du mal de lui, et il
montra dans presque toutes ses
actions la philosophie dont il profes-
sait les principes.

» Il établit dans l'administration une
ordre et une économie qui ont fait la
force intérieure de la Prusse, malgré tous ses désavantages naturels. Il
n'est point de roi qui se soit montré
aussi simple que lui dans sa vie privée,
et même dans sa cour ; il se croyait
chargé de ménager autant qu'il était
possible l'argent de ses sujets. Il avait
en toutes choses un sentiment de
justice que les malheurs de sa jeunesse
et la dureté de son père avaient gravé
dans son cœur. Ce sentiment est peut-

être le plus rare de tous les conquérans, car ils aiment mieux être généreux que justes, parce que la justice
suppose un rapport quelconque d'égalité avec les autres.

» Frédéric avait rendu les tribunaux si indépendants, que, pendant
sa vie, on les a vus souvent décider
en faveur des sujets contre le roi
dans des procès qui tenaient à des intérêts politiques. Il est vrai qu'il serait
presqu'impossible en Allemagne, d'in-
troduire l'injustice dans les tribunaux.
Les Allemands sont assez disposés à
se faire des systèmes pour abandonner
la politique à l'arbitraire ; mais quand
il s'agit de jurisprudence ou d'administration, on ne peut faire entrer dans
leurs têtes d'autres principes que ceux
de la justice. Leur esprit de méthode,
même sans parler de la droiture de

leur cœur, réclame l'équité comme mettant de l'ordre dans tout.

» Frédéric n'était point sensible, mais il avait de la bonté : néanmoins cette bonté de Frédéric était inquiétante comme celle du lion, et l'on sentait la griffe du pouvoir, même au milieu de la grâce et de la coquetterie de l'esprit le plus aimable.

» Le grand malheur de Frédéric fut de n'avoir pas assez de respect pour la religion ni pour les mœurs. Ses goûts étaient cyniques. Bien que l'amour de la gloire ait donné de l'élévation à ses pensées, sa manière licencieuse de s'exprimer sur les objets les plus sacrés était cause que ses vertus même n'inspiraient plus de confiance. Tout semblait devoir être de la politique dans Frédéric: ainsi donc, ce qu'il faisait de bien rendait l'état du pays meilleur, mais ne perfectionnait pas la moralité de la nation. Il affichait l'incrédulité, et se moquait de la vertu des femmes; et rien ne s'accordait moins avec le caractère allemand que cette manière de penser. Frédéric, en affranchissant ses sujets de ce qu'il appelait les préjugés, éteignait en eux le patriotisme; car, pour s'attacher aux pays naturellement sombres et stériles, il faut qu'il y règne des opinions et des principes d'une grande sévérité. Dans ces contrées sablonneuses où la terre ne produit que des sapins et des bruyères, la force de l'homme consiste dans son âme, et si vous lui ôtez ce qui fait la force de cette âme, les sentimens religieux, il n'aura plus que du dégoût pour sa triste patrie.

» Un des plus grands torts de Fré-

déric fut dé se prêter au partage de
la Pologne. La Silésie avait été acquise par les armes. La Pologne fut
une conquête machiavélique, et l'on
ne pouvait jamais espérer que des
sujets ainsi dérobés fussent fidèles à
l'escamoteur qui se disait leur souverain. D'ailleurs les Allemands et
les esclaves ne sauraient s'unir entre
eux par des liens indissolubles ; et
quand une nation admet dans son sein
pour sujets des étrangers ennemis,
elle se fait presque autant de mal que
quand elle les reçoit pour maîtres,
car il n'y a plus dans le corps politique
cet ensemble qui personnifie l'état et
constitue le patiotisme.

» Frédéric II aurait voulu que la
littérature française fut la seule de
ses états. Il ne faisait aucun cas de la
littérature allemande. Sans doute elle

n'était pas de son tems à beaucoup près aussi remarquable qu'à présent, mais il faut qu'un prince allemand encourage tout ce qui est allemand. Frédéric avait le projet de rendre Berlin un peu semblable à Paris, et se flattait de trouver dans les réfugiés Français, quelques écrivains assez distingués pour avoir une littérature francaise. Une telle espérance devait nécessairement être trompée ; les cultures factices ne prospèrent jamais. »

L'occupation de la France par les étrangers causait le plus grand chagrin à madame Staël ; elle avait formé la résolution de quitter Paris en 1817, et de n'y plus revenir que les armées alliées ne fussent parties : elle

8

écrivait à son gendre, le duc de Broglie:

» Il faut bien du bonheur dans les
» affections privées, pour supporter
» la situation de la France vis-à-vis
» des étrangers. »

Elle disait encore.

» Il faut que la France fasse le
» mort pendant tout le tems qu'elle
» sera occupée par les étrangers. L'in-
» dépendance d'abord, on songera
» ensuite à la liberté. »

* * * * *

« Il faut, pour tirer parti de l'immoralité, être armé tout-à-fait à la
légère, et ne pas porter en soi-même
une conscience et des scrupules qui
vous arrêtent à moitié chemin, et vous
font éprouver d'autant plus vivement
le regret d'avoir quitté l'ancienne
route, qu'il vous est impossible d'a-
vancer hardiment dans la nouvelle. »

M. Bérenger, de Lyon, corres-
pondant de l'Institut de France, auteur des *soirées Provençales*, d'un
recueil intitulé : *le peuple instruit par
ses propres vertus*, et d'une foule de
petits vers, avait l'avantage d'être
connu de madame de Staël ; ce littérateur estimable entretenait une espèce de correspondance avec cette
femme célèbre, dont il ne partageait
pas toujours les opinions en littérature,
comme on peut le juger par la lettre
suivante que lui écrivit cette dame :

Coppet , juillet 1806.

« Eh ! comment ne serai-je très-pro-
fondément touchée et flattée de votre
souvenir, Monsieur ? et de quel souvenir ? de celui qui me fait honneur à
mes yeux et à ceux des autres, si vous
me permettez de me parer de vos
jolis vers. Je suis bien aise que

Corinne vous ait intéressé ; mais je ne crois pas qu'il y ait rien d'immoral dans ma *Delphine: vous la traitez bien sévèrement.* Lorsque cet ouvrage parut, l'esprit de parti s'en empara ; et, comme j'aimais et j'aime les principes de la liberté, on voulut me faire un crime de tout ce qui constitue un roman. Mais j'ai la conscience, et *la conscience ne trompe pas*, qu'il n'y a pas un principe ni un sentiment que la morale la plus pure dût désavouer.

» A présent je m'occupe de *l'Allemagne*, mais *sans cadre*; je crois que pour peindre un pays, plus remarquable par la philosophie et la littérature que par son climat et ses beaux arts, il fallait éviter le cadre romanesque, et c'est par chapitres et par lettres que mon ouvrage sera divisé ; mais néanmoins vous y trouverez, j'es-

père, de l'intérêt et de l'imagination,
en ce pays, lourd en apparence, et
le plus poétique de l'Europe actuelle,
le seul où il y ait encore de l'enthousiasme rêveur, du moins en se bor-
nant au continent.

» Je vous ai bien peu vu, Monsieur,
dans mes courts vogages, et j'ai aperçu néanmoins que je pourrais vous
voir beaucoup, et ne point me lasser
de votre esprit ingénieux et juste.

» Je me propose de passer quelques
jours à Lyon, au printems prochain;
que je serais heureuse de vous y ren-
contrer et d'y trouver Jordan, que
j'aime et respecte tour-à-tour pour
son âme et son esprit ! J'espère que
vous viendrez l'été prochain à Coppet,
car ce n'est qu'en automne que je me
propose de le quitter..... Songez donc
qu'en 24 heures, *en autant de temps*

qu'une *tragédie Française*, vous serez ici..... A propos de tragédie! vous allez voir paraitre *Valstein*, (1) vous n'en connaissez qu'un acte, et je vous en demande votre avis. Benjamin a un grand et vrai talent. Je m'empresserai de vous envoyer ma *Corinne*, avec mon nom et le vôtre ; mais j'attends une occasion pour vous la faire parvenir. Rappelez moi, je vous prie, au souvenir de votre respectable préfet, M. *d'Herbouville*, et de votre brillant et très-aimable docteur *Petit*, votre honorable ami. Dites à ceux qui ne m'ont pas oubliée, que les revoir me sera très-doux. Je n'oublierai jamais les soirées de l'hotel

(1) *Valstein*, tragédie de M. *Benjamin-Constant de Rebéque*, membre de la Chambre des Députés.

du Parc. *Richard*, le suave et délicat *Richard* aura-t-il à Lyon son tableau de *S.-Louis* et de *Marie Stuart*. Vous voyez que je vous fais des questions, parce que je veux des réponses.

P. S. Mon fils, qui vous remercie, lit avec plaisir et profit votre *esprit de Mably et de Condillac* : cet ouvrage fait honneur à votre impartialité.

~~~~~~~~~~~~~~~~

Dans son roman de *Corinne*, madame de Staël a donné quelques aperçus sur les *mœurs et le caractère des Italiens*, dont on n'avait eu jusqu'ici que des notions un peu contradictoires; son génie observateur a saisi ces nuances délicates et presqu'imperceptibles échapées à tous les voyageurs qui, avant elle, avaient essayé de peindre un peuple, et de juger une nation et un gouvernement,

que l'on croit bien connaître , même
avant de les avoir étudiés.

» Rien n'est plus indifférent à Rome
que de quitter la société et d'y repa-
raître tour-à-tour , selon que cela
convient ; c'est le pays ou l'on s'occupe le moins de ce qu'on appelle
ailleurs *Commérage* ; chacun fait ce
qu'il veut sans que personne s'en in-
forme , à moins qu'on ne rencontre
dans les autres un obstacle à son
amour ou à son ambition. Les Romains ne s'inquiétent pas plus de la
conduite de leurs compatriotes, que
de celle des étrangers , qui passent et
repassent dans leur ville , rendez-vous
des Européens.....

» Les femmes ne savent pas en Italie
ce que c'est que la coquetterie, ce
que c'est en amour qu'un succès
d'amour-propre; elles n'ont envie de

plaire qu'à celui qu'elles aiment ; il n'y
a point de séduction d'esprit avant
celle du cœur et des yeux ; les com-
mencemens les plus rapides sont suivis
quelquefois par un sincère dévouement, et même une très-longue cons-
tance. L'infidélité est en Italie blamée
plus sévèrement dans un homme que
dans une femme. Trois ou quatre
hommes, sous des noms différens,
suivent la même femme, qui les mène
avec elle, sans se donner quelquefois
même la peine de dire leurs noms au
maître de la maison qui les reçoit ;
l'un est le préféré, l'autre celui qui
aspire à l'être ; un troisième s'appele
le souffrant, *il patito*; celui-là est tout
à fait dédaigné, mais on lui permet
cependant de faire le service d'ado-
rateur ; et tous ces rivaux vivent paisiblement ensemble. Les gens du

peuple seuls ont encore conservé la coutume des coups de poignard.

« Il y a dans ce pays un bisarre mélange de simplicité et de corruption, de dissimulation et de vérité ; de bonhomie et de vengeance, de faiblesse et de force qui s'exprime par une observation constante ; c'est que les bonnes qualités viennent de ce qu'on n'y fait rien pour la vanité, et les mauvaises de ce qu'on y fait beaucoup pour l'intérêt, soit que cet intérêt tienne à l'amour, à l'ambition ou à la fortune...

» Les distinctions de rang sont en général de peu d'effet en Italie; ce n'est point par philosophie, mais par facilité de caractère et familiarité de mœurs qu'on y est peu susceptible des préjugés aristocratiques; et comme la société ne s'y constitue juge de rien, elle y admet tout....

» Ce n'est point la sincérité qui est la cause de la franchise des Italiennes, mais l'indifférence pour l'opinion publique. En arrivant à Rome, poursuit Madame de Staël, j'avais une lettre de recommandation pour une princesse ; je la donnai à mon domestique de place pour la porter, il me dit : *Madame, dans ce moment cette lettre ne vous servirait à rien, car la princesse ne voit personne*, elle est INNAMORATA ; et cet état d'être INNAMORATA se proclamait comme toute autre situation de la vie ; cette publicité n'est point excusée par une passion extraordinaire : plusieurs attachemens se succèdent ainsi, et sont également connus ; les femmes mettent si peu de mystère à cet égard, qu'elles avouent leurs liaisons avec moins d'embarras que nos femmes

n'auraient en parlant de leurs époux ;
aucun sentiment profond ni délicat ne
se mêle à cette mobilité sans pudeur.
Aussi, dans cette nation, où l'on ne
pense qu'à l'amour, il n'y pas un seul
roman, parce que l'amour y est si rapide, si public, qu'il ne prête à aucun genre de développement, et que,
pour peindre véritablement les mœurs
générales, à cet égard, il faudrait
commencer et finir par la première
page...

» L'amour, en Italie, est mal connu;
on le respire dans l'air, mais pénètre-
t-il dans le cœur ? Les poésies dans
lesquelles l'amour joue un si grand
rôle, ont beaucoup de grâces, beaucoup d'imagination ; elles sont or-
nées par des tableaux brillans, dont
les couleurs sont vives et voluptueu-
ses; mais où trouverez-vous ce senti-

ment mélancolique et tendre qui ani=
me notre poésie ?...

» Les hommes , en Italie , valent
beaucoup moins que les femmes ; car
ils ont les défauts des femmes , et les
leurs propres en sus... Ils ont la douceur et la souplesse du caractère des
femmes ; en effet , dans un pays où il
n'y a ni carrière militaire , ni institu-
tion libre , comment un homme pour-
rait-il se former à la dignité et à la
force ? aussi tournent - ils tout leur
esprit vers l'habileté. Ils jouent la vie
comme une partie d'échecs dans laquelle le succès est tout. Ce qui leur
reste des souvenirs de l'antiquité ,
c'est quelque chose de gigantesque
dans les expressions et dans la magni-
ficence extérieure ; mais à côté de
cette grandeur sans base, on voit souvent tout ce qu'il y a de plus vulgaire

9

dans les goûts , et de plus misérable-
ment négligé dans la vie domestique...

» Il est si vrai que les gouverne-
mens font le caractère des nations ,
que , dans cette même Italie , on voit
des différeuces de mœurs remarquables entre les divers états qui la com-
posent.

» Les Piémontais, qui formaient
un petit corps de nation , ont l'esprit
plus militaire que le reste de l'Italie.

» Les Florentins, qui ont possédé
ou la liberté , ou des princes d'un
caractère libéral , sont éclairés et
doux.

» Les Vénitiens et les Géuois se
montrent capables d'idées politiques ,
parce qu'il y a chez eux une aristo-
cratie républicaine.

» Les Milanais sont plus sincères,

parce que les nations du nord y ont apporté depuis long-temps ce caractère.

» Les Napolitains pourraient aisément devenir belliqueux, parce qu'ils ont été réunis depuis plusieurs siècles sous un gouvernement très-imparfait, mais enfin sous un gouvernement à eux.

» La noblesse Romaine, n'ayant rien à faire militairement, ni politiquement, doit être ignorante et paresseuse.

» Les Italiens ont de la sincérité, de la fidélité dans les relations privées. L'intérêt, l'ambition exercent un grand empire sur eux, mais non l'orgueil ou la vanité; les distinctions de rang y font très-peu d'impression....

» Quand ils trompent leurs ennemis et leurs concurrens, c'est parce

qu'ils se considèrent avec eux comme
en état de guerre ; mais en paix, ils
ont du naturel et de la vérité...

» Chercherai-je à démêler pourquoi les Italiens montrent souvent peu
d'esprit militaire ? ils exposent leur
vie pour l'amour et la haine avec une
grande facilité ; et les coups de poi-
gnards donnés et reçus pour l'une ou
l'autre cause, n'étonnent ni n'intimi-
dent personne : Ils ne craignent point
la mort, quand les passions naturelles
commandent de la braver ; mais souvent, il faut l'avouer, ils aiment
mieux la vie que des intérêts politiques, qui ne les touchent guère,
parce qu'ils n'ont point de patrie...

» Les vertus domestiques sont en
Angleterre la gloire et le bonheur des
femmes ; mais s'il y a des pays où
l'amour subsiste hors des liens sacrés

du mariage, parmi ces pays, celui de
tous où le bonheur des femmes est le
plus ménagé, c'est l'Italie...

» Malgré tout ce qu'on a dit de la
perfidie des Italiens, je soutiens que
c'est un des pays du monde, où il y
a le plus de bonhomie. Cette bonhomie est telle dans tout ce qui tient à
la vanité, que bien que ce pays soit
celui dont les étrangers aient dit plus
de mal, il n'en est point où ils rencontrent un acceuil aussi bienveil-
lant...

« On reproche aux Italiens trop de
penchant à la flatterie; mais il faut aussi
convenir que la plupart du temps ce
n'est point par calcul, mais seulement
par désir de plaire qu'ils prodiguent
leurs douces expressions, inspirées
par une obligeance véritable; ces expressions ne sont point démenties par

la conduite habituelle de la vie. Toutes
fois seraient-ils fidèles à l'amitié dans
des circonstances extraordinaires, s'il
fallait braver pour elle les périls et
l'adversité ? Le petit nombre, j'en
conviens, le très-petit nombre en serait capable; mais ce n'est pas à l'Italie
seulement que cette observation peut
s'appliquer.

» Les Italiens ont une paresse orien-
tale dans l'habitude de la vie ; mais il
n'y a point d'hommes plus persévé-
rans ni plus actifs, quand une fois
leurs passions sont excitées...

La dernière moitié du roman de
Corinne est toute en contraste avec la
première. C'est le tableau de la douleur, mais avec les nuances propres à
graduer les impressions tristes, et à
fixer, s'il est permis de parler ainsi,

les misères fugitives du cœur. Aussi l'infortunée reine de Prusse, victime innocente d'un homme qui, sur le trône du monde, se plaisait à insulter à la beauté et au malheur, la reine de Prusse disait « qu'elle était souvent obligée de suspendre la lecture » de Corinne, parce qu'elle se sentait » l'âme déchirée, non pas tant par la » douleur que par cette privation d'espérance qui lui rappelait son propre » sort. »

Dans une épître adressée au malheur, composée dans la tourmente de la révolution, on distingue les vers suivans où Madame de Staël montre ce que l'idée d'un désastre universel ajoute pour chaque malheureux aux peines de la vie :

De la nature enfin, le cours invariable
A travers tant de maux ne s'est point arrêté.

La mort comme autrefois se montre impi-
       toyable,

Et l'hymen le plus saint n'en est point
       respecté.

L'amour peut être ingrat et l'amitié légère;

Et, sous le poids affreux des communes
       douleurs,

Nourrissant en secret une peine étrangère,

Seul, à d'autres chagrins on donne encor
       des pleurs.

Dieu puissant du malheur daigne borner
       l'empire !

En 1817, Madame de Staël, faisait la remarque suivante: « Le parti ministériel voit le côté prosaïque de l'humanité, et l'opposition, le côté poétique. Voilà pourquoi j'ai toujours eu du penchant pour ce dernier genre d'opinions. »

Les distractions extérieures soulagent du fardeau de l'existence, mais

elles en dissipent souvent les forces. »
Personne, autant que Mme. de Stael,
ne s'est procuré autant de ces distractions, car sa vie a été un véritable
voyage. Née avec l'esprit d'observation, elle a fait une abondante moisson
d'idées neuves et pittoresques., et
d'aperçus pleins de sagacité et de
finesse dans tous les pays qu'elle a
visités : ses courses n'ont point été
infructueuses pour la philosophie, la
morale, la littérature et même pour
la politique, et ce n'est pas ici le cas
de lui appliquer ces vers de Gresset :

Dans méint auteur de science profonde,
J'ai lu qu'on perd à trop courir le monde;
Très-rarement en devient-on meilleur ;
Un sort errant ne conduit qu'à l'erreur ?

M. Schegel, le chef des Romantiques d'Allemagne, vient de publier

dans un journal allemand (le corres-
pondant de Hambourg), une déclaration relative à madame de Staël. On
sait que pendant treize-ans , il ne l'a
pas quittée un seul instant , et que
tout ce qui avait rapport à cette femme célèbre , était pour lui du plus
haut intérêt. Cette déclaration a pour
objet principal de faire connaître l'o-
pinion de madame de Staël , sur Bonaparte :

« Madame de Staël , dit-il , a beau-
» coup estimé Bonaparte comme
» général , mais depuis son consulat ,
» elle s'est ouvertement prononcée
« contre son ambition et son despo-
» tisme. Je puis attester , ajoute-t-il ,
» que lors de la suppresssion du livre
» *sur l'Allemagne* , c'est a dire lors-
» que la persécution de Bonaparte
» contre elle était la plus vive et la

» plus animée, un fonctionnaire
» public, un préfet m'a fait à son
» égard quelques ouvertures semi-
» officielles, dans lesquelles il me fit
» entendre que l'unique moyen d'a-
» mener la fin, ou du moins l'adoucis-
» sement de son exil, serait de faire
» imprimer quelque chose dont le
» but serait de célébrer la gloire de
» Napoléon, et de constater la légiti-
» mité de sa dynastie. Cette propo-
» sition révolta madame de Staël :
» plutôt que de consacrer une seule
» ligne à l'éloge de la tyrannie, elle
» résolut, non sans danger, de cher-
» cher un asile en Angleterre, à tra-
» vers la Russie et la Suède, et de
» renoncer à sa patrie pour jamais.
» Si pendant les cent jours, madame
» de Staël eut voulut écrire pour Bo-
» naparte, elle n'eut pas été réduit

» à se réfugier en Suisse, avant son arri-
» vée à Paris. Au reste, quelle que fut
» la douceur des affections et des sou-
» venirs de madame de Staël pour les
» lieux où elle avait passé une grande
» partie de sa vie, la patrie était
» pour elle où elle pouvait écrire et
» faire un libre usage de sa pensée.
» On se rappelle qu'elle disait souvent:
» *Lorsqu'il n'y a point de malheurs*
» *extraordinaires, je ne me sens au-*
» *cune peine jusqu'à cinq heures*
» *après midi, que finit pour moi le*
» *moment du travail.* »

~~~~~~~~

Madame de Staël, qui avait quelquefois de la malice, demandait un
jour au chevalier de Boufflers, qui en
avait beaucoup, pourquoi il n'était
pas encore de l'Académie. L'auteur

D'Aline lui répondit par les vers suivans :

Je vois l'Académie où vous êtes présente ;
Si vous m'y recevez, mon sort est assez beau ;
Nous aurons à nous deux de l'esprit pour
    quarante ,
Vous comme quatre et moi comme zéro.

~~~~~~

A propos des nombreux annoblisse-
mens qu'on a prodigués sans mesure
depuis bien des années, madame de
Staël disait : *il faudrait une fois pour
toutes créer la France* MARQUISE.

~~~~~~

Elle disait de M. de Bonald , le Ly-
cophron de la littérature et l'antipode
du sens commun: *c'est le philosophe de
l'anti-philosophie , mais cela ne peut
pas mener loin.* Madame de Staël se
trompe ; M. Bonald ira très-loin , car
un raisonnement absurde en amène nécessairement un autre et ainsi de suite.

10

En 1814, madame de Staël étant en
Angleterre, quelques personnes de sa
connaissance, crurent devoir la féli-
citer sur la prise de Paris, qui terminait
son exil ; elle répondit à ces démonstra-
tions d'intérêt ou de politesse : *de quoi
me faites vous votre compliment ; je
vous prie ? de ce que je suis au déses-
poir?* réponse aussi noble que libérale.

L'auteur de *Corinne*, qui redoutait
l'ennui, ne pouvait souffrir ces par-
leurs incommodes, qui ne savent pas
même jeter un peu d'intérêt dans
leurs longues narrations. *Comment
veut-on que je les écoute*, disait-elle,
*quand ils ne se font pas l'honneur de
s'écouter eux-mêmes?*

Elle disait un jour d'un homme
égoïste et chicaneur : *il ne parle que*

de lui ; mais cela ne m'ennuie pas ;
parce qu'au moins je suis sûre qu'il
s'intéresse à ce qu'il dit.

—⁓⁓⁓⁓⁓—

En citant ces paroles de Fontenelle :
« je suis Français, j'ai quatre-vingts
» ans, et je n'ai jamais donné le
» moindre ridicule à la plus petite
» vertu », elle ajoutait : *voilà ce que*
» *je puis dire de la plus petite peine.* »

—⁓⁓⁓⁓⁓—

On sait que J. J. Rousseau mourut
à Erménonville, terre de M. le Marquis de Girardin, à dix lieues de Paris,
le 2 juillet 1778, non sans être soup-
çonné d'avoir avancé ses jours en prenant du poison. La relation que
MM. De Presle et Magellan ont donnée
de sa mort, pour dissiper ce soupçon,
n'a fait que le fortifier ; ils conviennent

que *la vie lui était à charge*, et rappor-
tent diverses circonstances qui annoncent que le philosophe, sans aucun mal
apparent, était instruit de sa fin pro-
chaine. Tout cela est confirmé dans
les *lettres sur les ouvrages et le caractère de J.J. Rousseau*, publiées en
1789, par *madame de Staël* :

» On sera peut-être étonné, dit-elle,
» de ce que je regarde comme certain
» que Rousseau se soit donné la mort.
» Un Genevois de ma connaissance,
» reçut une lettre de lui, quelque
» temps avant sa mort, qui semblait
» annoncer ce dessein. Depuis s'étant
» informé avec un soin extrême de
» ses derniers momens, il a su que
» le matin du jour où Rousseau
» mourut, il se leva en parfaite santé,
» mais dit cependant qu'il allait voir
« le soleil pour la dernière fois, et prit

» avant de sortir du café qu'il avait
» fait lui-même. Il rentra quelques
» heures après ; et commençant alors
» à souffrir horriblement, il défendit
» constamment qu'on appelât du
» secours et qu'on avertît per-
» sonne.

» Peu de jours avant ce triste jour,
» il s'était aperçu des viles inclina-
» tions de sa femme, pour un homme
» de l'état le plus bas ; il parut ac-
» cablé de cette découverte, et resta
» huit heures de suite sur le bord de
» l'eau dans une méditation profonde.
» Il me semble que si l'on réunit ces
» détails à sa tristesse habituelle, à
» l'accroissement extraordinaire de
» ses terreurs et de ses défiances,
» il n'est plus permis de douter que
» ce malheureux homme n'ait ter-
» miné volontairement sa vie. »

*

Et, dans une réponse à madame de Vassy, elle ajoute :

« Un Génevois, secrétaire de mon père, et qui a passé la plus grande partie de sa vie avec Rousseau ; un autre, nommé Moutou ; homme de beaucoup d'esprit, et confident de ses dernières pensées, m'ont assuré positivement ce que j'ai écrit ; et des lettres que j'ai vues de lui, peu de temps avant sa mort, annonçaient le dessein de terminer sa vie. »

Madame de Staël s'exprime ainsi sur le style de ce célèbre philosophe :

« Une grande propriété de termes, une simplicité remarquable dans la construction grammaticale de ses phrases, donnent à son style une clarté perfaite; son expression rend fidèlement sa pensée; mais le charme de son expression, c'est à son âme qu'il le doit. M. de Buffon colore son style par son imagination; Rousseau l'anime par son caractère : l'un choisit les expressions; elles échappent à l'autre. L'éloquence de M. de Buffon ne peut appartenir qu'à un homme de génie : la passion pourrait élever à celle de Rousseau. »

⁓⁓⁓⁓⁓⁓

En faisant connaître les principaux personnages qui ont pris part à la révolution, cette dame s'exprime ainsi sur M. de La Fayette :

« M. de La Fayette, dit elle, ayant combattu dès sa première jeunesse pour la cause de l'Amérique, s'était pénétré de bonne heure des principes de liberté qui font la base du gouvernement des Etats-Unis... Jeune, riche, noble, aimé dans sa patrie, il quitta tous ces avantages, à l'âge de dix-neuf ans, pour aller servir au-delà des mers cette liberté, dont l'amour a décidé de toute sa vie. S'il était né aux Etats-Unis, sa conduite eut été celle de Washington; le même désintéressement, le même enthousiasme, la même persévérance dans les opinions, distinguent l'un et l'autre de ces généreux amis de la liberté. Si le général Washington avait été comme M. de La Fayette, chef de la garde nationale de Paris, peut-être aussi n'aurait-il pu triompher des circonstances... Aucune vanité de classe n'est jamais entrée dans la tête de M. de La Fayette. La puissance, dont l'effet est si grand en France, n'a point

d'ascendant sur lui ; le désir de plaire
dans les salons ne modifie pas la moindre de ses pensées ; il a sacrifié toute
sa fortune à ses opinions avec la plus
généreuse indifférence. Dans les pri-
sons d'Olmutz, comme au pinacle du
crédit, il a été également inébranlable
dans son attachement aux mêmes principes. C'est un homme dont la façon de
voir et de se conduire est parfaitement
directe. Qui l'a observé peut savoir d'a-
vance avec certitude ce qu'il fera dans
toute occasion... Les haines dont il
est l'objet, n'ont jamais aigri son caractère, et sa douceur d'âme est parfaite ; mais aussi rien jamais n'a mo-
difié ses opinions, et sa confiance
dans le triomphe de la liberté est la
même que celle d'un homme pieux
dans la vie à venir. »

Deux assertions, élevées dans les *Considérations sur les principaux événemens de la Révolution française*, ont indigné les *ultra-royalistes* contre madame de Staël :

La première que « le Code lancé contre les religionnaires pouvait tout-à-fait se comparer aux lois de la convention contre les émigrés. »

La seconde que « la gloire des grands écrivains du 17ᵉ. siècle appartenait à la France, et ne devait pas être concentrée sur un seul homme, qui, au contraire, a persécuté quelques-uns de ces écrivains, et en a dédaigné beaucoup d'autres. »

A ces deux assertions, ils ont opposé des déclamations, faute de trouver des faits qu'ils pussent objecter pour les détruire invinciblement.

Ce que dit cet auteur sur l'intolérance irréligieuse des écrivains du 18e. siècle, est tout à la fois plein de finesse et de justice :

» Les caractéres irritables (et tous les hommes à talent le sont) éprouvent presque toujours le besoin d'attaquer le plus fort. C'est à cela qu'on peut reconnaître l'impulsion du sang et de la verve. Nous n'avons senti pendant la révolution que le mal de l'incrédulité et de l'atroce violence avec laquelle on voulait la propager ; mais les mêmes sentimens généreux qui faisaient détester la proscription du clergé vers la fin du 18e. siècle, inspiraient, cinquante ans plutôt, la licence de son intolérance ; il faut juger les actions et les écrits d'après leur date. »

Madame de Staël a dit : « je voulais écrire l'histoire de Napoléon , mais je me vois forcée à n'écrire que les *aventures* de Bonaparte. » D'après l'opinion de cette dame , les histoires de tous les conquérans , ne seraient que des *aventures*. La passion aveugle même les meilleurs esprits.

~~~~~~~~~~

Les deux lettres suivantes de Madame de Staël à Talma , feront connaître quelle opinion elle avait de ce grand tragédien : Lettres que ce dernier peut opposer, sans présomption , à tous ses détracteurs.

Iᵣₑ. LETTRE.

Juillet 1809.

« Ne craignez pas que je sois comme madame *Milord*, que je mette

la couronne sur votre tête au moment
le plus pathétique ; mais comme je
ne puis vous comparer qu'à vous-
même, il faut que je vous dise,
Talma, qu'hier vous avez surpassé la
perfection et l'imagination même. Il
y a dans cette pièce, toute défectueuse
qu'elle est, un débris d'une tragédie
plus forte que la nôtre, et votre talent m'a apparu dans ce rôle de *Hamlet*, comme le génie de Shakespeare,
mais sans inégalités, sans les gestes
familiers, devenus tout-à-coup ce
qu'il y a de plus noble sur la terre.
Cette profondeur de nature, ces questions sur notre destinée à tous, en
présence de cette foule qui mourra,
et qui semblait vous écouter comme
l'oracle du sort ; cette apparition du
spectre, plus terrible dans vos regards
que sous la forme la plus redoutable ;

cette profonde mélancolie, cette voix, ces regards qui révèlent des sentimens, un caractère au-dessus de toutes les proportions humaines ; c'est admirable, trois fois admirable ; et mon amitié pour vous n'entre pour rien dans cette émotion la plus profonde que les arts m'aient fait ressentir depuis que je vis. Je vous aime dans la chambre, dans les rôles où vous êtes encore votre pareil ; mais dans ce rôle d'*Hamlet*, vous m'inspirez un tel enthousiasme, que ce n'était plus vous, que ce n'était plus moi ; c'était une poésie de regards, d'accens, de gestes à laquelle aucun écrivain ne s'est encore élevé. Adieu, pardonnez moi de vous écrire, quand je vous attends ce matin à une heure, et ce soir à huit ; mais si les convenances sociales ne devaient pas tout arrêter, je ne

sais pas , hier , si je ne me serais pas
fait fière d'aller moi même vous donner cette couronne , qui est due à un
tel talent plus qu'à tout autre ; car ce
n'est pas un acteur que vous êtes, c'est
un homme qui élève la nature humaine , en nous en donnant une idée nouvelle. Adieu ! à une heure. Ne me
répondez pas , mais aimez-moi pour
mon admiration. »

***

IIe. LETTRE.

Lyon , 5 juillet 1809.

« Vous êtes parti hier , mon cher
Oreste , et vous avez vu combien
cette séparation m'a fait de peine : ce
sentiment ne me quittera pas de long-
temps , car l'admiration que vous inspirez ne peut s'effacer. Vous êtes ,
dans votre carrière, unique au monde;

et nul, avant vous, n'avait atteint ce
degré de perfection où l'art se com-
bine avec l'inspiration, la réflexion
avec l'involontaire, et le génie avec
la raison. Vous m'avez fait un mal,
celui de me faire sentir amèrement
mon exil. A peine étiez vous parti,
que le sénateur R... est entré chez
moi, venant d'Espagne pour aller à
Strasbourg. Nous avons causé trois
heures, et nous avons souvent mêlé
votre nom à tous les intérêts de ce
monde. Il était dimanche à *Hamlet*,
et vous l'avez ravi. Nous avons dis-
puté sur le mérite de la pièce en elle-
même. Il m'a paru très-orthodoxe, et
il prétend que N... l'est aussi. Je lui
ai développé mon idée sur votre jeu,
sur cette réunion étonnante de la ré-
gularité française et de l'énergie étrangère. Il a prétendu qu'il y avait des

pièces classiques françaises, où vous
n'excelliez pas encore ; et quand j'ai
demandé lesquelles , il n'a pu m'en
nommer. Mais il faut qu'à Paris vous
jouiez *Tancrède* et *Orosmane* à ra-
vir ; vous le pouvez, si vous le voulez. Il faut prendre ces deux rôles
dans le naturel ; ils en sont tous deux
susceptibles ; et comme on est accou-
tumé à une sorte d'étiquette dans la
manière de les jouer , la vérité profonde en fera de nouveaux rôles.
Mais je ne devrais pas m'aviser de
vous dire ce que vous savez mille fois
mieux que moi : il est vrai pourtant
que je mets à votre réputation un intérêt personnel. Il faut que vous écri-
viez ; il faut que vous soyez aussi
maître de la pensée que du sentiment ;
vous le pouvez , si vous le voulez.

» J'ai vu madame Talma après vo-

*

tre dernière visite. Sa grâce pour moi m'a profondément touchée ; dites-le lui, je vous prie. C'est une personne digne de vous, et je crois louer beaucoup, en disant cela. Quand vous reverrai-je tous les deux ? ah ! cette question me serre le cœur, et je ne peux me la faire sans une émotion douloureuse. *Got bless you, and me also !* Je vais écrire sur l'art dramatique, et la moitié de mes idées me viendra de vous. Adrien de Montmorency, qui est le juge souverain de tout ce qui tient au bon goût et à la noblesse des manières, dit que madame Talma et vous, vous êtes aussi parfaits dans ce genre. Toute ma société vous est attachée à tous les deux. On raconte mes hymnes sur votre talent, par la ville, et *Camille* m'en a raconté à moi-même que j'ai

trouvés pindariques; mais je ne suis pas
Corinne pour rien, et il faut me pardonner l'expression de ce que j'éprouve.
Le directeur des spectacles est venu
me voir après votre départ, pour me
parler de vous. Je lui ai su gré de si
bien s'adresser. Sa conversation était
comique ; mais je n'étais pas en train
de rire, et j'ai laissé passer tout ce
qu'il a bien voulu me dire pour me
donner bonne opinion de lui. Ainsi ,
chacun s'agite pour réussir ; il n'y a
que le génie qui triomphe presqu'à
son insu. Ainsi vous êtes. Adieu ,
écrivez-moi quelques lignes sur votre
santé , vos succès et la probabilité de
vous revoir. Mon adresse à Coppet ,
Suisse. Adieu , adieu ; mille tendres
complimens à madame Talma.

Je pars dans une heure. *Les Tem-*

pliers sont traduits en espagnol, et se jouent à Madrid.

~~~~~~~~~

La première fois qu'elle fut exilée par Napoléon en 1803, elle écrivit dans des notes faites pour elle seule :

« J'ai bien pensé à mes amis en passant le Rhin ; mais je ne sais si le souvenir de ceux qui me haïssent s'est offert à moi : j'ai toujours regardé la haine, quand j'en ai été victime, comme une sorte d'accident extraordinaire et passager. Je n'y crois que par ses effets, tant j'en conçois mal la nature : quand je rencontre un ennemi, je suis tenté de lui dire : est-ce sérieusement que vous me haïssez? ignorez-vous donc que je n'ai pas un seul ressentiment dans le cœur ?

~~~~~~~~~

Au mois de mars 1815 , lorsque Bonaparte était déjà dans Lyon , une femme qui était attachée à son parti, vint dire à madame Staël : *l'empereur sait , madame , combien vous avez été généreuse pour lui durant ses malheurs. J'espère* , répondit-elle , *qu'il saura combien je le déteste.*

Bonaparte lui ayant fait dire qu'il fallait qu'elle revînt à Paris , parce qu'on avait besoin d'elle pour les idées constitutionnelles , elle refusa en disant : *Il s'est bien passé de constitution et de moi, pendant douze ans , et à présent même il ne nous aime guère plus l'une que l'autre.* Cependant à cette époque, d'après l'assertion de madame Necker de Saussure, lorsqu'il passait à Coppet des Français qui allaient rejoindre l'armée des al-

liés, elle cherchait à les détourner de
leur dessein, n'approuvant pas que
l'on compromît l'indépendance nationale, fut-ce même pour conquérir la
liberté.

~~~~~~~~~

Un particulier soutenait un jour devant madame de Staël qu'il était impossible que des ministres d'état se
bornassent à l'emploi des moyens parfaitement légitimes. *Que voulez-vous
que je vous dise*, répondit-elle ? *avec
du génie on n'aurait jamais besoin
d'immoralité, et sans génie, il ne
faut pas accepter des places difficiles.*

~~~~~~~~~

En 1816, elle disait du ministère:
« je ne l'aime pas, mais je le préfère.
C'est une barrière de coton contre le
retour des anciens abus; mais enfin c'est

une barrière.» Si madame de Staël revenait au monde, elle verrait que la barrière de coton a été totalement ren-
versée par les *ultra*.

~~~~~~~~

On sait quelle fut sa tendresse filiale
pour son père. *Quand je n'aurais pas
l'espérance d'une vie à venir*, disait-
elle, un jour, *je rendrais encore grâce
à Dieu d'avoir vécu , d'avoir connu et
aimé mon père*. Expressions vraies
d'une sensibilité naturelle.

~~~~~~~~

L'affectation de ses imitateurs a
constamment préservé madame Staël
du ridicule. *Je marche avec des sa-
bots sur la terre*, disait-elle à une de
ses amies, *quand on veut me forcer de
vivre dans les nuages*.

~~~~~~~~

L'improvisation de Corinne dans la campagne de Naples est un de ces morceaux brillans, où l'imagination de madame Staël, riche des souvenirs de l'histoire, déploye son luxe avec cet abandon et cet enthousiasme qui caractérisent la sensibilité du génie :

» La nature , la poésie et l'histoire rivalisent ici de grandeur ; ici l'on peut embrasser d'un coup d'œil tous les talens et tous les prodiges.

» J'aperçois le lac d'Averne , volcan éteint, dont les ondes inspiraient jadis la terreur ; l'achéron , le Phlégéton, qu'une flamme souterraine fait bouillonner, sont les fleuves de cet enfer visité par Enée.

» Le feu , cette vie dévorante qui crée le monde et le consume , épouvantait d'autant plus , que ses lois étaient moins connues. La nature jadis ne révélait ses secrets qu'à la poésie.

» La ville de Cumes, l'antre de la Sibylle, le temple d'Apollon étaient sur cette hauteur. Voici le bois où fut cueilli le Rameau d'Or. La terre de l'Enéïde vous entoure, et les fictions consacrées par le génie sont devenues des souvenirs dont on cherche encore les traces.

» Un Triton a plongé dans ces flots le Troyen téméraire qui osa défier les divinités de la mer par ses chants; ces rochers et ces antres creux sont tels que Virgile les a décrits. L'imagination est fidèle quand elle est toute-puissante. Le génie de l'homme est créateur, quand il sent la nature ; imitateur, quand il croit l'inventer.

» Au milieu de ces masses terribles, vieux témoins de la création, l'on voit une montagne nouvelle que le volcan fait naître. Ici la terre est orageuse comme la mer, et ne rentre pas comme elle paisiblement dans ses bornes. Le lourd élément, soulevé par les tremblemens de l'abîme, creuse les vallées, élève des monts, et ses vagues pétrifiées attestent les tempêtes qui déchirent son sein.

» Si vous frappez sur ce sol, la voûte souterraine retentit. On dirait que le monde habité n'est plus qu'une surface prête à s'entr'ouvrir. La campagne de Naples est l'image des passions humaines ; sulfureuse et féconde, ses dangers et ses plaisirs semblent naître de ses volcans enflammés qui donnent à l'air tant de charmes, et font gronder la foudre sous nos pas.

» Pline étudiait la nature pour mieux admirer l'Italie ; il vantait son pays

comme la plus belle des contrées ,
quand il ne pouvait plus l'honorer à
d'autres titres. Cherchant la science
comme un guerrier les conquêtes , il
partit de ce promontoire même pour
observer le Vésuve à travers les flammes , et ces flammes l'ont consumé.

» O souvenir, noble puissance, ton
empire est dans les cieux! de siècle en
siècle , bisarre destinée ! l'homme se
plaint de ce qu'il a perdu. L'on dirait
que les temps écoulés sont tous dépo-
sitaires , à leur tour , d'un bonheur qui
n'est plus ; et tandis que la pensée
s'énorgueillit de ses progrès , s'élance
dans l'avenir , notre âme semble re-
gretter une ancienne patrie dont le
passé la rapproche.

» Les Romains, dont nous envions
la splendeur , n'enviaient-ils pas la
simplicité mâle de leurs ancêtres ? ja-

dis ils méprisaient cette contrée voluptueuse, et ses délices ne domptè-
rent que leurs ennemis. Voyez dans le
lointain Capoue; elle a vaincu le guerrier dont l'âme inflexible résista plus
long-temps à Rome que l'Univers.

» Les Romains, à leur tour, habi-
tèrent ces lieux : quand la force de
l'âme servait seulement à mieux sentir la honte et la douleur, ils s'amol-
lirent sans remords. A Bayes, on les
a vus conquérir sur la mer un rivage
pour leurs palais. Les monts furent
creusés pour en arracher des colon-
nes, et les maîtres du monde, esclaves à leur tour, asservirent la nature,
pour se consoler d'être asservis.

» Cicéron a perdu la vie près du
promontoire de Gaëte qui s'offre à nos
regards. Les Triumvirs, sans respect
pour la postérité, la dépouillèrent

des pensées que ce grand homme aurait conçues. Le crime des Triumvirs
dure encore. C'est contre nous encore
que leur forfait est commis.

» Cicéron succomba sous le poignard des tyrans. Scipion encore plus
malheureux, fut banni par son pays
encore libre. Il termina ses jours non
loin de cette rive, et les ruines de son
tombeau sont appelées *la Tour de la
Patrie* : touchante allusion au souvenir dont sa grande âme fut occupée.

» Marius s'est réfugié dans ces marais de Minturnes, près de la demeure
de Scipion. Ainsi, dans tous les temps,
les nations ont persécuté leurs grands
hommes ; mais ils sont consolés par
l'apothéose, et le ciel où les Romains
croyaient commander encore, reçoit
parmi ses étoiles Romulus, Numa,
César, astres nouveaux qui confon-

*

dent à nos regards les rayons de la
gloire et la lumière céleste.

» Ce n'est pas assez de malheurs ;
la trace de tous les crimes est ici.
Voyez, à l'extrêmité du golfe, l'île
de Caprée, où la vieillesse a désarmé
Tibére; où cette âme à-la-fois cruelle
et voluptueuse, violente et fatiguée,
s'ennuya même du crime, et voulut se
plonger dans les plaisirs les plus bas,
comme si la tyrannie ne l'avait pas
encore assez dégradée.

» Le tombeau d'Agrippine est sur ses
bords, en face de l'île de Caprée ; il
ne fut élevé qu'après la mort de Néron : l'assassin de sa mère proscrivit
aussi ses cendres. Il habita long temps
à Bayes, au milieu des souvenirs de
son forfait. Quels monstres le hasard
rassemble sous nos yeux ! Tibére et
Néron se regardent.

» Les îles, que les volcans ont fait sortir de la mer, servirent, presqu'en naissant, aux crimes du vieux monde; les malheureux relégués sur ces rochers solitaires, au milieu des flots, contemplaient de loin leur patrie, tâchaient de respirer ses parfums dans les airs, et quelquefois, après un long exil, un arrêt de mort leur apprenait que leurs ennemis, du moins, ne les avaient pas oubliés.

« O terre, toute baignée de sang et de larmes, tu n'as jamais cessé de produire des fruits et des fleurs! Es-tu donc sans pitié pour l'homme? Et sa poussière retourne-t-elle dans ton sein maternel, sans le faire tressaillir! »

Le roman de *Corinne*, dont quelques exemplaires avaient été envoyés en Ecosse, produisit à Edimbourg

une inconcevable sensation. La société entière fut électrisée ; les méta-
physiciens , les géologues, les profes-
seurs de toute espèce s'arrêtaient les
uns les autres dans les rues, se demandant où ils en étaient de sa lecture. La
peinture des mœurs anglaises fut trou-
vée parfaitement fidèle , et l'on apprit
qu'il y avait une petite ville de province
qui s'était choquée , parce qu'elle
avait cru que madame de Staël , qui
n'en avait jamais entendu parler, avait
voulu la tourner en ridicule.

~~~~~~~~~~

Madame de Staël était dangereuse-
ment malade, lorsque le manuscrit venu de Sainte-Hélène causa en France,
et même dans toute l'Europe, la plus
vive sensation. Malgré son état de
faiblesse , elle voulut qu'un de ses
enfans lui fît la lecture de cet ouvrage;

voici le jugement qu'elle en porta :

» Les Chaldéens adoraient le ser-
pent, dit-elle ; les Bonapartistes en
font de même pour ce manuscrit de
Sainte-Hélène ; mais je suis loin de
partager leur admiration. Ce n'est que
le style de ses notes du *Moniteur* ; et
si jamais je me rétablis, je crois pouvoir réfuter cet écrit de bien haut. »

En 1800, parut l'ouvrage de madame de Staël, intitulé: *De la Littérature
considérée dans ses rapports avec les
Institutions sociales*, 2 vol. in-8o. Ces
deux volumes devraient plutôt être
intitulés: *Histoire politique et Littéraire
des temps passés.*

Cet ouvrage est plein de connais-
sances et de regrets du passé, d'un mé-
contentement motivé du présent, de
vues profondes et quelquefois vagues

sur l'avenir , et d'expressions souvent neuves , toujours riches et élégantes. A l'époque où il parut, la France était en république , ou plutôt son gouvernement portait le titre de république ; ce qui fournit à l'auteur les réflexions suivantes :

« Le nom de république se réunit dans la pensée à l'image de toutes les vertus.

» L'esprit républicain exige de la sévérité dans le goût , dont la bonté est inséparable de celle des mœurs.

» Les républiques ne peuvent exister sans la liberté de la presse; et dans tout pays où elle est établie , aucun homme public, aucun homme connu , ne peut résister au mépris , si c'est le talent qui l'inflige.

» L'enthousiasme qu'inspire la gloire des armes est le seul qui puisse déve-

nir dangereux à la liberté ; mais il n'a
de suites funestes que dans les pays
où diverses causes ont détruit l'admiration méritée par les qualités mora-
les ou les talens civils. » ;

La sagacité de madame de Staël,
était en défaut, lorsqu'elle a dit :

» La royauté est perdue, parce
qu'elle a subi l'épreuve de l'analyse.

» Elle est perdue partout où la philosophie a pénétré ; les efforts de tous
les rois ne peuvent plus faire rétrogra-
der l'esprit humain, et les simples
rapports de commerce, quand même
on interdirait les autres, finiraient
par communiquer à un pays les lumières des pays voisins. »

Madame de Staël a emprunté cette
idée à l'anglais Burke qui l'avait prê-
chée à toute l'Europe, dès l'origine de
la révolution française ; mais comme

sa manière d'écrire est incompatible
avec des idées justes, il a fallu qu'une
femme philosophe la revêtit de l'expression convenable, pour en faire
ressortir la justesse, attestée par l'état
actuel de l'Europe entière.

Ceci nous mène à admirer le pouvoir de l'expression sur les hommes;
c'est, a dit Rivarol, ce qui fait reconnaître le génie. Le livre de madame
de Staël sert de preuve à cette assertion, surtout quand elle y donne des
préceptes de style qu'on doit en même
temps regarder comme des modèles.

» Les images, le sentiment et les
idées représentent les mêmes vérités
à l'homme sous trois formes différentes; mais le même enchaînement, la
même conséquence subsistent dans ces
trois règnes de l'entendement. *Quand
vous découvrez une pensée nouvelle;*

il y a dans la nature une image qui
sert à la peindre, et dans le cœur un
sentiment qui correspond à cette pensée par des rapports que la réflexion
fait découvrir. Les écrivains ne por-
tent au plus haut degré la conviction
et l'enthousiasme, que lorsqu'ils savent toucher à la fois ces trois cordes,
dont l'accord n'est que l'harmonie de
la création. »

~~~~~~~~~

Lorsque *les Considérations sur la*
Révolution parurent, il s'en vendit
autant d'exemplaires que des fameux
Mémoires dans lesquels la captive
d'Alby (madame Manson) mistifia
si bien ses juges et l'Europe entière.
Alors il fallut voir la désolation de nos
hommes de lettres, tombés de Carybde
en Sylla. L'un d'eux suspendant l'impression de son ouvrage, dit : « J'at-

13

tendrai pour parler, qu'il plaise enfin
à ces dames de se taire. »

~~~~~~~~~~

« J'ai loué l'acte du suicide dans
mon ouvrage sur l'*Influence des Passions*, écrivait-elle, et je me suis toujours repentie depuis de cette parole
inconsidérée. J'étais alors dans tout
l'orgueil et la vivacité de la jeunesse;
mais à quoi servirait-il de vivre, si
ce n'était dans l'espoir de s'amélio-
rer ? »

~~~~~~~~~~

« Le bonheur, suivant-elle, consiste dans la possession d'une destinée
en rapport avec nos facultés. »

~~~~~~~~~~

Dans ses *Considérations sur les
principaux événemens de la Révolution française*, cette dame, après

avoir jeté sur l'Europe un coup d'œil rapide, dirigeant ses regards sur la France en particulier, s'exprime ainsi :

« En lisant les déclamations de nos jours , on croirait que les huit siècles de la monarchie n'ont été que des temps tranquilles, et que la nation était alors sur des roses. On oublie les Templiers brûlés sous Philippe-le-Bel ; le triomphe des Anglais sous les Valois ; la guerre de la Jacquerie ; les assassinats du duc d'Orléans et du duc de Bourgogne ; les cruautés perfides de Louis XI ; les protestans français condamnés à d'affreux supplices sous François Ier. , tandis qu'il s'alliait lui-même aux protestans d'Allemagne ; les horreurs de la ligue, surpassées toutes encore par le massacre de la Saint-Barthélemy ; les conspirations contre Henri IV, et

son assassinat, œuvre effroyable des li-
güeurs ; les échafauds arbitraires éle-
vés par le cardinal de Richelieu ; les
dragonnades , la révocation de l'édit
de Nantes; l'expulsion des protestans,
et la guerre des Cévennes sous
Louis XIV. »

Elle rend ensuite à Saint-Louis , à
Charles V , à Henri-le-Grand , un
hommage qui a d'autant plus de prix,
que la liberté de ses jugemens donne
à son opinion , une valeur véritable ,
et elle arrive à ce cardinal de Richelieu , que « de nos jours, dit - elle
avec étonnement , l'on a osé vanter.
Il est mort, à la vérité, dans la pléni-
tude de sa puissance, précaution bien
nécessaire aux tyrans qui veulent conserver un grand nom dans l'histoire...
On l'a vanté, poursuit - elle avec
beaucoup de justesse, parce qu'il a

maintenu l'indépendance politique de
la France... Mais Henri IV atteignait
au même but, en gouvernant par des
principes de justice et de vérité. Le
génie se manifeste, non-seulement
dans le triomphe qu'on remporte,
mais dans les moyens que l'on a pris
pour l'obtenir. La dégradation morale,
empreinte sur une nation qu'on accou-
tume au crime, tôt ou tard doit lui
nuire, plus que les succès ne l'ont
servie... Aucun délit politique, con-
tinue-t-elle, ne fut jugé légalement
sous le ministère du cardinal de Richelieu, et des commissions extraordinaires furent nommées, pour pronon-
cer sur le sort des victimes. »

L'auteur vient enfin à Louis XIV,
« à ce roi qui a pensé que les pro-
priétés de ses sujets lui appartenaient,
et qui s'est permis tous les genres

*

d'actes arbitraires ; qui vint, le fouet
à la main, interdire comme une of-
fense le dernier reste de l'ombre d'un
droit, les remontrances du parlement, ne respectait que lui-même, et
n'a jamais pu concevoir ce que c'était
qu'une nation. »

Madame Staël termine ses observations sur Louis XIV, par une remarque pleine de force et de vérité :

« Il ne faut jamais, dit-elle, juger
les despotes par les succès momenta-
nés que la tension même du pouvoir
leur fait obtenir. C'est par l'état dans
lequel ils laissent leur pays à leur mort
ou à leur chute ; c'est ce qui reste de
leur règne, à présent, qui révèle ce
qu'ils ont été. L'ascendant politique
des nobles et du clergé a fini en France
avec Louis XIV ; il ne les avait fait
servir qu'à sa puissance : ils se sont

trouvés après lui sans liens avec la nation même, dont l'importance croissait chaque jour. »

~~~~~~~~

Madame de Staël dédaignait les calembours; cependant elle en a faits quelquefois avec sa promptitude ordinaire. Dans une dispute sur la traite des nègres avec une grande dame de France, celle-ci lui dit : *Eh ! quoi madame, vous vous intéressez donc beaucoup au comte de Limonade et au marquis de Marmelade? — Pourquoi pas, autant qu'au duc de Bouillon*, répondit-elle.

~~~~~~~~

Dans *l'Influence des Passions, sur le bonheur des individus et des nations,* qui porte la date de 1796, tout porte l'empreinte des méditations solitaires de cette femme célèbre :

« O femmes! s'écrie l'auteur, vous
les victimes du Temple où l'on vous
a adorées, écoutez moi : la nature et
la société ont déshérité la moitié de
l'espèce humaine : force, courage,
génie, indépendance, tout appartient
aux hommes, et s'ils environnent d'hom-
mages les années de notre jeunesse,
c'est pour se donner l'amusement de
renverser un trône ; c'est comme on
permet aux enfans de commander,
certains qu'ils ne peuvent forcer d'o-
béir... L'amour est l'histoire de la vie
des femmes, c'est un épisode dans
celle des hommes... Une sorte de
trouble sans fin, sans but, sans repos,
s'empare de l'existence des femmes,
lorsque leur guide les a trahis, et
pendant ce temps les hommes commandent les armées, dirigent les em-
pires, et se rappellent à peine le nom

de celles dont ils ont fait la destinée...
Selon l'opinion d'un monde injuste,
les lois de la moralité même semblent
suspendues dans les rapports des hommes avec les femmes ; ils peuvent
passer pour bons, et leur avoir causé
la plus affreuse douleur qu'il soit donné
à l'être mortel de produire dans l'âme
d'une autre ; ils peuvent passer pour
vrais et les avoir trompées. »

On a prétendu un peu légèrement
que madame Staël ne connaissait pas
l'économie. Cette assertion est hasar-
dée ; les dépenses superflues lui dé-
plaisaient, et si elle aimait beaucoup à
se procurer du plaisir, elle n'accordait
rien à la vanité. Une dame de ses
amies voulut un jour lui faire une
espèce de honte, de ce que sa chambre à Coppet n'était pas plafonnée, et

de ce qu'on y voyait les poutres. *Voit-on les poutres ? dit-elle , je n'y avais jamais pris garde. Permettez que cette année , où il y a tant de misérables , je ne me passe que les fantaisies dont je m'aperçois.*

~~~~~~~~~~~~~~

Quand le roman de *Delphine* parut , il excita la plus vive sensation , et cela devait être ; madame de Staël y avait , pour ainsi dire , incorporé son âme. « Une pensée mélancolique, dit madame Necker de Saussure, avait poursuivi sa jeunesse : pénétrée d'une profonde pitié pour le sort des femmes, elle plaignait sur-tout les femmes douées des facultés éminentes. Et quand le bonheur, à ses yeux, le plus grand de tous , l'amour dans le mariage ne leur avait pas été accordé, il lui semblait alors également difficile

qu'elles pussent se renfermer dans les
bornes étroites de leur destinée ou
franchir ses bornes , sans s'exposer à
d'amères douleurs. Cette pensée, qui
pouvait se déployer dans un roman
sous une infinité de formes, amenait
naturellement la peinture d'une femme à la fois brillante et malheureuse,
dominée par ses affections , mal dirigée par l'indépendance de son esprit,
et souffrant par ses qualités les plus
aimables.

L'intérêt du roman est puissant , et
même dans les situations les moins
orageuses. Les caractères sont en général dessinés avec une force et une
justesse de touche extraordinaires.

Ce roman fut vivement admiré et
vivement attaqué. Madame Staël prit
gaîment son parti sur le blâme littéraire: mais ceux qui condamnèrent ce

roman sous le rapport de la moralité, lui causèrent une peine réelle. Alors elle écrivit des *réflexions sur le but moral de Delphine.* Dans ce morceau, qui n'a point été imprimé, elle traite toutes les questions relatives au roman, en les rattachant, suivant sa coutume, à des idées générales. Aussi après avoir prouvé, d'après son épigraphe même : *un homme doit savoir braver l'opinion , une femme s'y soumettre ;* qu'elle désapprouve Léonce et Delphine, elle cherche à expliquer, pourquoi chacun de nous est entraîné par un penchant naturel vers les êtres sensibles et exaltés, tandis que la société en masse les juge avec la plus grande rigueur.

Sans cesse les amis de Mme Staël avaient le tort de la détourner de ses

occupations. Cependant madame Necker assure qu'ils étaient toujours bien
venus auprès d'elle. Dès sa plus tendre
jeunesse, elle avait contracté l'habitude de prendre en gaîté les interrup-
tions. « Elle retrouvait à volonté, dit
madame Necker de Saussure, le cours
et le mouvement de ses idées. »

~~~~~~~~~

Dans sa jeunesse, madame de Staël
ne pouvait supporter la solitude : et
pendant une grande partie de sa vie,
elle redouta extrêmement l'ennui. « Il
ne lui suffisait pas, dit madame Necker de Saussure, qu'on fût spirituel,
il fallait qu'on fût animé, et peut-être
les gens d'esprit qui ne se mettent
nullement en frais pour la société, lui
donnaient-ils un peu plus d'humeur
que les hommes médiocres... Un bon
mot, une histoire comique, étaient

14

pour elle un petit bienfait dont elle
parlait avec effusion ; et à chaque
nouveau survenant, elle voulait qu'on
répétât les traits qui l'avaient divertie.
Le piquant, l'originalité, l'imagination, voilà ce qui lui plaisait avant
tout ; voilà ce qui donnait de l'élan à
son esprit et des aîles à son génie,
Ma fille a besoin d'un premier mot,
disait M. Necker, et peut-être avait-
il raison ; mais ce premier mot eût été
nul ou absurde pour tout autre. C'était
le panier près de la feuille d'acanthe,
qui a fait inventer le chapiteau corin-
thien ; c'était la muraille inégalement
noircie par l'humidité qui fournissait
des sujets de tableau à un grand
peintre. »

Madame de Staël consacrait la ma-
tinée aux affaires, c'est-à-dire au soin
de sa fortune et à l'étude, et le soir,

à la société ou à sa correspondance. Madame Necker de Saussure dit, qu'il y avait un grand ordre dans l'administration de sa maison et de ses biens.

Les lettres de madame de Staël à M. Necker ont été brûlées pour la plupart ; « et jamais peut-être, dit madame Necker de Saussure, on ne verra rien de pareil... Dans le cours d'une vie agitée, elle a pu causer quelques inquiétudes à son père; mais que de plaisirs ne lui a-t-elle pas donnés ! que de grâces n'a-t-elle pas déployées dans cette sainte intimité ! que d'abandon ! que de dévouement ! que d'amour ! Il y avait de tout en elle pour lui, goût involontaire, confiance filiale la plus aveugle, sollicitude en quelque sorte maternelle, personnalité même, âpre égoïsme dans l'association à ses intérêts et sa gloire. Elle ne

croyait pas matériellement pouvoir
exister sans son père. Incertaine et
irrésolue dans les petites choses , elle
avait besoin de lui à tout instant , elle
le consultait sur chaque détail , sur sa
dépense , sur sa parure , sur ses ar-
rangemens domestiques , sur le gouvernement de ses enfans ; et dans la
persuasion où elle était que l'esprit
sert à tout , elle voulait qu'il lût les
romans qui paraissaient , pour les
comparer avec les siens. Dans une de
ses lettres , elle plaisante elle même
d'une pareille commission donnée à
un homme d'état. »

La circonstance de la vie de madame de Staël qui a excité le plus d'étonnement , a été son second mariage.
Voici comment madame Necker de
Saussure le raconte. « Un jeune homme bien né , inspirait beaucoup d'in-

térêt dans Genéve parce qu'on racontait de son brillant courage, et par le contraste de son âge avec sa démarche chancelante, sa pâleur et l'état de faiblesse auquel il était réduit. Des blessures reçues en Espagne, des blessures dont les dernières suites ont été funestes, l'avaient mis aux portes de la mort, et il était resté malade et souffrant. Deux mots de pitié adressés par madame de Staël à cet infortuné, produisirent sur lui un effet prodigieux ; sa tête et son cœur s'enflammèrent. De son côté madame de Staël était excessivement malheureuse et lasse de malheur ; son âme pleine de ressort tendait à se relever, et ne demandait qu'une espérance. Lors donc qu'un nouveau jour vint à luire pour elle, le rêve de toute sa vie, l'amour dans le mariage, lui sembla pouvoir se réaliser. On sait ce qu'une telle union était à ses yeux. Cette plaisanterie d'elle qu'on a citée : *je forcerais ma fille à faire un mariage d'inclination* ; cette plaisanterie renfermait une opinion sérieuse. Jamais la pensée de former elle-même de pareils nœuds , ne lui avait été complètement étrangère... Faut-il dire que madame de Staël ne doit pas en tous points servir d'exemple ? Toutefois il est certain que cette union l'a rendue heureuse. Elle avait bien jugé M. de Rocca. »

On prétend que madame Staël, ne devint l'ennemie de Napoléon, que parce que ce dernier avait blessé son amour-propre et mortifié sa fierté.

L'ex - empereur passant près de Coppet, voulut y voir M. Necker. Sa

fille s'y trouvait en ce moment. Elle
assista à la conférence, prit part à la
conversation, et avec un ton doctoral
qui, plus d'une fois lui fit oublier son
beau talent, voulut donner au souverain de la France une leçon sur l'art de
gouverner. Bonaparte ne lui répondit
qu'en lui demandant si elle avait des
enfans?

~~~~~~~~

Pendant les cent jours, mada-
me Staël disait : « si l'on avait enrôlé
toutes les phrases déclamatoires qui se
sont prononcées cet hiver contre la
révolution, on aurait eu bien des sol-
dats le 20 mars. »

~~~~~~~~

Un ministre de Bonaparte lui ayant
fait dire que l'empereur la paierait, si
elle l'aimait : *Je savais bien,* répondit-
elle, *que pour recevoir ses rentes, il*

fallait un certificat de vie ; mais je ne savais pas qu'il fallut une déclaration d'amour.

~~~~~~~~~

Quiconque a vu madame de Staël, dit madame Necker de Saussure, d'assez près pour la peindre, a dû nécessairement l'aimer... Son attrait était irrésistible ; elle étonnait d'abord, mais bientôt elle captivait. Le genre de force qui peut déplaire n'était point le sien, et elle offrait un séduisant mélange d'énergie dans les impressions et de flexibilité dans le caractère. Il y avait en elle tant de vérité, tant d'amour, tant de grandeur; la flamme divine était si ardente dans son âme, si lumineuse dans son esprit, qu'on croyait obéir à ses plus nobles penchans en s'attachant à elle; on la contemplait comme un spectacle unique

par son intérêt, par son effet entraî-
nant et dramatique. Le génie et la
femme étaient unis intimement en
elle ; si l'un dominait par son ascendant, l'autre semblait s'assujétir par
sa susceptibilité de souffrance, et la
plus vive admiration n'était jamais
envers elle sans un mélange de tendre
pitié. Son talent la pénétrait de toutes
parts ; il étincelait dans ses yeux, il
colorait ses moindres paroles, il donnait à sa bonté, à sa pitié une éloquence pathétique et victorieuse.

Madame Necker fit faire de fortes
études à sa fille et ne lui défendit point
d'écouter des conversations au-dessus
de la portée de son âge. « Des facultés
intellectuelles très-prononcées, dit
madame Necker de Saussure, prirent
par ce moyen un accroissement prodigieux... Mademoiselle Necker était

un enfant plein de gaîté, de vivacité, de franchise. Son teint était un peu brun, mais animé, et ses grands yeux noirs brillaient déjà d'esprit et bonté... Elle répondait à tout avec aisance et avec grâce. Les hommes les plus mar-quans par leur esprit étaient ceux qui s'attachaient davantage à la faire par-ler... Dès sa plus tendre jeunesse elle a composé; elle écrivait des portraits, des éloges. Elle a fait à quinze ans des extraits de l'esprit des lois avec des réflexions. L'abbé Raynal voulait l'en-gager à écrire pour son grand ouvrage, un morceau sur la révocation de l'é-dit de Nantes. »

Madame Necker de Saussure cher-che madame de Staël dans tous ses écrits, et fait ensuite un examen gé-néral de son talent. « Elle n'a point, dit-elle, de vaine subtilité et ne force

point ses lecteurs à discerner l'imper-
ceptible, mais tout grandit entre ses
mains... Souvent un aperçu très-
lumineux et plus important que l'objet
traité, interrompt un discours léger
par son ton et sa matière; plus souvent
encore une discussion abstraite est
ranimée par un trait inattendu, et la
femme aimable vient chasser le philosophe. »

Madame Necker de Saussure, passant à la vie domestique et sociale de
madame de Staël, dit : « Assez de
gens sont portés à croire que chez une
femme aussi célèbre, l'amour-propre
devait être en première ligne. Mais
s'il en eût été ainsi, sa destinée eût
été plus heureuse, car ses succès
pouvaient suffire à un bonheur fondé
sur la vanité. Il faut avoir vu madame de Staël dévorée par ses peines,

il faut l'avoir vue étrangère à sa gloire, et prête mille fois à sacrifier le fruit de ses travaux aux objets de ses affections, pour rester certain que l'être aimant était en elle au centre, et que sa véritable vie était celle du cœur... Jamais elle n'a pu rompre avec personne, jamais elle n'a pu cesser d'aimer. Elle était indulgente par sa nature, et aussi par un effet de sa supériorité, elle voyait toutes choses de haut, et après un premier moment, souvent bien douloureux, elle ne s'étonnait d'aucune imperfection. »

Pour donner une idée de la manière dont madame de Staël sentait les peines des autres, madame Necker de Saussure rapporte un trait qui la concerne. Dans l'année 1816, dit-elle, l'âme encore ébranlée par le plus affreux malheur, la perte d'une fille

angélique, j'étais à Nice avec mon
autre fille, fort malade elle-même. Il
survint une crise violente dans son
état ; et durant ces heures décisives,
ce que j'éprouvai fut si cruel, que ne
voulant pas épouvanter ma famille par
mes lettres, il n'y avait que madame de Staël au monde à qui j'osasse
ouvrir mon cœur. Elle ne me répondit
point sur ce sujet, et notre correspondance ordinaire ayant continué,
je crus que ma lettre s'était perdue,
et je n'y avais nul regret ; car je craignais, même après avoir été rassurée,
que la réponse ne renouvelât mon
émotion. Quelques mois après, je fus
entièrement confirmée dans cette idée.
Nous nous étions déjà revues plusieurs
fois sans qu'elle m'eût parlé de ma
lettre, quand un jour à Coppet, comme nous causions depuis long-temps

15

ensemble , elle cesse tout-à-coup de me répondre : je la regarde , et la voyant pâle et troublée. *Qu'avez-vous?* lui dis-je avec effroi ; *c'est* , reprit-elle, *que je n'ai jamais pu vous écrire...* *vous dire...* Elle hésitait tellement qu'il m'était impossible de la comprendre. *Votre lettre*, s'ecria-t-elle enfin, *n'en parlons plus , n'en parlons jamais...* Et elle sortit de la chambre tout en larmes. »

Il était désagréable à madame de Staël qu'on eût peur d'elle. La gaîté , dit madame Necker de Saussure, était son moyen de communication avec tous. Elle établissait l'égalité par une douce moquerie dont elle ne demandait pas mieux que de devenir l'objet ; elle avouait qu'après ses amis, ce qui lui avait le plus manqué dans les pays étrangers , c'étaient des gens qui entendissent la plaisanterie...

~~~~~~~~

Madame Staël n'aimait pas les petites villes. « Leur séjour, dit-elle, m'a
toujours paru très-ennuyeux. L'esprit
des hommes s'y rétrécit, le cœur des
femmes s'y glace ; on y vit tellement
en présence les uns des autres, qu'on
est oppressé par ses semblables ; ce
n'est plus cette opinion à distance qui
vous anime et retentit de loin comme
le bruit de la gloire ; c'est un examen
minutieux de toutes les actions de
votre vie , une observation de chaque
détail , qui rend incapable de comprendre l'ensemble de votre caractère;
et plus on a d'indépendance et d'élévation , moins on peut respirer à travers tous ces petits barreaux. »

~~~~~~~~

« J'ai vu des hommes , dit-elle,
qui perdaient des sommes immen-

ses au jeu , sans qu'on pût l'apercevoir le moins du monde sur
leur physionomie : ces mêmes hommes auraient eu l'expression la plus
vive et les gestes les plus animés, s'ils
avaient raconté quelques faits de peu
d'importance. Elle ajoutait: quand les
passions arrivent à un certain degré
de violence , elles craignent les témoins, et se voilent presque toujours
par le silence et l'immobilité.

~~~~~~~~~~

Elle préférait la France à tous les
autres pays ; elle l'aimait, pour ainsi
dire, d'inclination. En 1816, M. Can-
ning , un des commissaires anglais,
qui accompagnait les chefs des puis-
sances alliées, ayant choisi le salon
du premier gentilhomme de la chambre du château des Tuileries pour
dire à madame Staël : *il ne faut plus*

se faire d'illusions , Madame , la France nous est soumise , et nous vous avons vaincus. Oui, lui répondit-elle , parce que vous aviez avec vous l'Europe et les cosaques ; mais accordez-nous le tête-à-tête et nous verrons. Elle a encore dit à ce commissaire : *On trompe le peuple anglais ; il ne sait pas qu'on l'employe à priver les autres peuples de la liberté qu'il possède , à protéger l'intolérance envers ses frères en religion ; s'il le savait , il renierait ceux qui abusent de son nom.*

~~~~~~~~

Elle avait de ces mots charmans , propres à la caractériser : *J'ai toujours été la même, vive et triste* , disait-elle un jour au noble pair M. le vicomte de Chateaubriand , journaliste ; *j'ai aimé Dieu, mon père et la liberté.*

Après la chûte de Robespierre, madame de Staël publia, à peu d'intervalles, deux brochures anonymes, l'une intitulée : *Réflexions sur la paix adressées à M. Pitt et aux Français* ; et l'autre, *Réflexions sur la paix intérieure*. Ces deux écrits, dont le premier a été l'objet des éloges de M. Fox dans le parlement d'Angleterre, contiennent l'opinion de l'auteur sur la situation intérieure et extérieure de la France, en 1795 ; et ces deux écrits sont par-là même des monumens précieux pour l'histoire.

« Le mal que peuvent faire les mauvais livres n'est corrigé que par les bons ; les inconvéniens des lumières ne sont évités que par un plus haut degré de lumières. On doit donc sou-

ger , non à repousser les lumières ,
mais à les rendre complètes, pour que
leurs rayons brisés ne présentent point
de fausses lueurs. »

~~~~~~~~~

« Rien n'est si barbare que la vanité;
et comme la société , le bon ton , la
mode , le succès , mettent singulièrement en jeu cette vanité , il n'est
aucun pays où le bonheur des femmes
soit plus en danger que celui où tout
dépend de ce qu'on appelle l'opinion,
et où chacun apprend des autres ce
qu'il est de bon goût de sentir. »

~~~~~~~~~

La langue allemande , si hardie
dans les livres , est singulièrement
asservie en conversation par toutes
les formules dont elle est surchargée.
«Je me rappelle, dit madame de Staël,

d'avoir assisté, en Saxe, à une leçon de métaphysique d'un philosophe célèbre, qui citait toujours le *baron* de Leibnitz, et jamais l'entraînement du discours ne pouvait l'engager à supprimer ce titre de *baron*, qui n'allait guère avec le nom d'un grand homme mort depuis un siècle.

~~~~~~~~

Lettre de Madame Staël, écrite de Suisse, à une amie, au moment d'entreprendre un voyage dans le Levant. (1)

« C'en est fait, ô mon amie ! et toutes les illusions de ma vie sont dissipées à la fois ; gloire, fortune, amitié, tout s'est évanoui ! cette belle

(1) Il paraîtrait que cette lettre fut écrite en 1815,

France est désenchantée pour moi ;
j'y ai laissé mon bonheur, en y per-
dant mes chimères, et je vais chercher
loin de toi des distractions d'esprit,
puisque mon cœur est désintéressé de
tout ce qui l'occupait. Tu sais quelles
douces erreurs ont amusé ma vie.
J'espérais conserver à mon nom, par
des succès d'un autre genre, la gloire
acquise par mon père. Des jours nouveaux présentaient à mon imagination
une noble carrière; l'héritage des droits
de mon père allait me procurer une
fortune indépendante; tout a été ren-
versé dans un moment, et c'est dans
l'exil que j'emporte mes espérances
perdues de fortune et de renommée.

» Mais que sont de telles pertes
comparées à celles du cœur? un ami
fut long-temps la moitié de mes
destins. Heureuse de la sympathie de

nos goûts, de nos opinions, de nos
talens peut-être, j'étais plus fière de
ses succès que des miens. Que de fois
dans la retraite et l'étude, nous avons
médité le rêve d'une grande et forte
république, qui étonnerait les nations
par le bonheur et la vertu de ses ci-
toyens ! Mais combien il nous était
démontré que ce n'était qu'un rêve,
et que la France serait de tous les
états celui qui offrirait, par sa situation
politique, comme par le caractère de
ses habitans, le moins de chances pour
réaliser cette chimère ! que nos âmes
s'entendaient bien pour l'amour de la
vraie liberté, pour la haine de tout
despote ! que nous avons versé de
pleurs sur des lauriers trop payés du
sang des hommes ! Qu'elle nous semblait barbare cette gloire achetée par
la destruction ! et que nous portions

avec orgueil le sentiment de notre
indépendance au milieu de la servi-
tude de tous. Eh bien ! tu vois aujour-
d'hui quel rôle consent à jouer celui
qui fut mon ami, le rôle public le plus
en opposition avec les principes qu'il
eût et que je conserve.

» Je ne puis rester plus long-temps
près du théâtre de son apostasie politique : Je vais dans le temple de l'an-
tique liberté, encore plein des images
errantes d'Aristide et de Démosthè-
nes, chercher de nobles inspirations
et des souvenirs éloquens ! là, dans
le fond d'une retraite poétique, j'oublierai, aux sons de ma lyre, de
grands crimes et de grands malheurs.
Je chanterai la pieuse vaillance des
chevaliers chrétiens ; je demanderai à
l'ancienne gloire de France une con-
solation de ses infortunes présentes

et, prêtresse des Muses, je ne reparaîtrai qu'avec elles sur le sol de ma patrie.

« Adieu, conserve mon souvenir, n'oublions que les ingrats et les parjures. »

Signé S...

~~~~~~~~~~~~~

Madame de Staël convient qu'il est des hommes dont l'énergie n'a point effacé la sensibilité, des hommes qui ne peuvent supporter la pensée du malheur d'un autre, et qui mettent l'honneur aussi dans la bonté, ce qui ne l'empêche pas de conclure qu'à peine la moitié de la vie pouvant être intéressée par l'amour, les femmes, après l'époque des passions, doivent s'applaudir de s'être écartées de leur route. «Qui pourrait, dit-elle, com-

parer le calme qui suit le sacrifice, et
le regret des espérances trompées ? »

Dans un des chapitres *de la littérature considérée dans ses rapports
avec les institutions sociales*, madame de Staël parle des femmes qui
cultivent les lettres. « Les hommes,
dit-elle, peuvent toujours cacher leur
amour-propre et le désir qu'ils ont
d'être applaudis sous l'apparence ou
la réalité de passions plus fortes et plus
nobles ; mais quand les femmes écri-
vent, comme on leur suppose en général pour premier motif le désir de
montrer de l'esprit, le public leur
accorde difficilement son suffrage ; il
sent qu'elles ne peuvent s'en passer,
et cette idée fait naître en lui la tenta-
tion de le refuser... La gloire même
peut être reprochée à une femme,
parce qu'il y a contraste entre la gloire

et sa destinée naturelle. L'austère
vertu condamne jusqu'à la célébrité
de ce qui est bien en soi, comme
portant une sorte d'atteinte à la perfection de la modestie.... Un homme
peut, même dans ses ouvrages, réfuter
les calomnies dont il est devenu l'objet;
mais pour les femmes, se défendre est
un désavantage de plus ; se justifier ,
un bruit nouveau. »

~~~~~~~~~~

Nous croyons devoir transcrire
le morceau suivant de madame
Necker de Saussure, sur les sentimens religieux de madame de Staël :

« Il faut comprendre parmi les
heureux effets du temps sur madame
de Stael, la fixité toujours plus grande
des idées religieuses dans son esprit.
Ses scrupules, qui avaient eu toujours

pour objet les conséquences de ses actions, se sont davantage attachés à leurs motifs. La prière, ce besoin du sentiment pour elle, la mettant sans cesse en communication avec la source de toute excellence, a fait pénétrer une lumière pure dans son cœur. *Toutes les fois que je suis seule, je prie ;* disait-elle à ses enfans. Elle m'écrivait de Suède, au sujet de M. de Montmorency : *Il n'y a point d'absence pour les êtres religieux, parce qu'ils se trouvent dans le senti-ment de la prière.* A tout moment on voit dans ses lettres la demande de prier pour elle et pour ses enfans.

» Madame de Staël pensait qu'il y a de l'orgueil dans l'homme à vouloir pénétrer le secret de l'univers ; et en parlant de la haute métaphysique, elle disait : *J'aime mieux l'Oraison domi-*

nicale que tout cela. (1) Durant ses longues insomnies, elle répétait sans cesse cette prière pour se calmer. Des soupirs, de certaines exclamations, dont elle avait l'habitude, étaient chez elle des invocations pieuses; ainsi ces mots qui lui échappaient souvent : *Pauvre nature humaine! hélas! qu'est-ce que de nous? ah! la vie, la vie!* étaient un sentiment religieux qui s'exhalait.

» C'était encore de la piété en elle que cette conviction si profonde et si souvent exprimée, que la justice divine commence à s'exercer sur cette terre. *La vie,* disait-elle à sa fille en appliquant à la religion une comparaison déjà connue, *la vie ressemble à ces*

_____

(1) Et pourtant les protestans ont trouvé 17 hérésies dans le *Pater Noster.*

tapisseries des Gobelins, dont vous
ne discernez pas le tissu quand vous
les voyez du beau côté, mais dont on
découvre tous les fils en regardant
l'autre face. Le mystère de l'existence,
c'est le rapport de nos fautes avec nos
peines. Je n'ai jamais eu un tort qu'il
n'ait été la cause d'un malheur.

» Une chose qui peut paraître bizar-
re, c'est qu'elle appliquait cette idée
de rétribution à la vie présente, plus
encore qu'à la vie à venir. *Les auteurs
catholiques*, écrivait - t - elle, *font
constamment usage de l'enfer ; sans
oser juger une telle croyance, je n'ai
jamais senti qu'elle rendit meilleur.*
Néanmoins pendant ses accès de chagrin, elle lisait souvent Fénélon, trou-
vant chez cet auteur une connaissance
admirable des peines de l'âme. *L'imi-
tation de Jésus-Christ*, qui ne lui avait

*

pas plu d'abord, était aussi une res-
source pour elle vers la fin de sa
vie.

» C'est dans son dernier ouvrage
qu'elle a dit ces mots sublimes : *L'homme est réduit en poussière par l'incrédulité* ; et cet autre : *La religion est
la vie de l'âme.*

» En 1815, comme l'intolérance et
les excès du fanatisme religieux étaient
continuellement l'objet de son ani-
madversion, je craignais que la religion même n'eût souffert dans son
esprit de l'abus que l'on faisait de son
nom sacré. Lui ayant témoigné mes
doutes à cet égard : *Je vous proteste
que cela n'est pas*, me répondit-elle, *
il entre de la pitié dans mon indigna-
tion, et il n'est pas un quart d'heure,
je pourrais peut-être dire moins, où
l'idée de la Divinité ne soit présente à
mon cœur.* »

~~~~~~~~~

Lorsque l'ouvrage de madame Staël intitulé : « *De la littérature considérée dans ses rapports avec les institutions sociales* , parut , le libraire Colnet , ci-devant grand ou petit vicaire de Soissons , rédacteur à cette époque d'un journal de l'opposition qui expira à la fin de son 10ᵉ. nᵒ. , adressa les lignes suivantes à la fille de M. Necker.

« Convenez-en, madame de Staël, vos deux volumes renferment une assez forte dose de fatras métaphysique: on n'est pas philosophe impunément. Vous parlez beaucoup , par exemple, de la *perfectibilité de l'espèce humaine.* Vous dites que *l'esprit humain ne fait jamais de pas rétrograde.* Entre nous, cette question , traduite du jargon philosophique en langue vulgaire se réduit à ces termes fort simples : *Ce bas*

monde va-t-il mieux aujourd'hui
qu'il n'allait autrefois ? Horace avait
peut-être résolu cette question en
disant, il y a près de deux mille ans :

Ætas parentum, pejor avis tulit
Nos nequiores, mox daturos
Progeniem vitiosiorem.

Mais, qu'est-ce que l'autorité
d'Horace ? il ne suivit qu'Epicure ; et
votre austère philosophie, Madame,
repousse les *atômes* et la *volupté.* Si,
pourtant, on s'avisait aujourd'hui
d'interroger sur la marche philosophique de l'esprit humain, la Grèce
ou l'Italie, l'Egypte ou la Chaldée,
ces contrées jadis brillantes de tous
les rayons de la gloire, diraient peut-
être en montrant leurs ruines : *le bon*
Horace eut raison.

» Quoiqu'il en soit, Madame, nous
excusons volontiers dans votre ouvra-

ge ses obscurités philosophiques ; et
même ses hérésiés littéraires. Quelque
disposée que soit notre critique à s'é-
gayer aux dépens des pauvres auteurs,
nous sommes trop galans pour aller
rompre une lance contre l'aimable
chevalier des gens de lettres. Le courage a partout sa noblesse, et, dans
ce siècle philosophique, un philosophe
de votre sexe n'arbore point les couleurs de la littérature, sans avoir un
courage viril. Loin donc de vous
combattre, Madame, souffrez que la
littérature encore vous décerne par
reconnaissance, l'épithète de *Mas-
cula*, etc., etc.

~~~~~~~~~~

Madame Huber, depuis mada-
me Rilliet, qui avait été liée dès l'enfance avec mademoiselle Necker,
donne, dans le passage suivant, une

idée de son amie, alors âgée de onze
ans, et de la maison de sa mère à
cette époque. Madame Necker avait
désiré que mademoiselle Huber devint l'amie de sa fille ; voici comme
cette dernière raconte sa première
entrevue avec mademoiselle Necker,
les transports de celle-ci à l'idée d'a-
voir une compagne ; les promesses
qu'elle lui fit de l'aimer éternelle-
ment :

« Elle me parla avec une chaleur
et une facilité qui étaient déja de l'é-
loquence, et qui me firent une grande
impression... Nous ne jouâmes point
comme des enfans ; elle me demanda
tout de suite quelles étaient mes leçons, si je savais quelques langues
étrangères, si j'allais souvent au spectacle. Quand je lui dis que je n'y avais
été que trois ou quatre fois, elle se

récria, me promit que nous irions souvent ensemble à la comédie; ajoutant, qu'au retour il faudrait écrire le sujet des pièces, et ce qui nous aurait frappé; que c'était son habitude... Ensuite, me dit-elle encore, nous écrirons tous les matins...

» Nous entrâmes dans le salon. A côté du fauteuil de madame Necker était un petit tabouret de bois où s'asseyait sa fille, obligée de se tenir bien droite. A peine eut-elle pris sa place accoutumée que trois ou quatre vieux personnages s'approchèrent d'elle, lui parlèrent avec le plus tendre intérêt : l'un deux, qui avait une petite perruque ronde, prit ses mains dans les siennes, où il les retint long-temps, et se mit à faire la conversation avec elle, comme si elle avait eu vingt-cinq ans. Cet homme était l'abbé Raynal;

les autres étaient MM. Thomas, Mar-
montel, le marquis de Pesay, et le
baron de Grimm.

» On se mit à table. — Il fallait
voir comment mademoiselle Necker
écoutait ! Elle n'ouvrait pas la bou-
che, et cependant elle semblait parler à son tour, tant ses traits mobiles
avaient d'expression. Ses yeux sui-
vaient les regards et les mouvemens
de ceux qui causaient ; on aurait dit
qu'elle allait au-devant de leurs idées.
Elle était au fait de tout ; même des
sujets politiques qui à cette époque
faisaient déjà un des grands intérêts
de la conversation...

» Après le dîner, il vint beaucoup
de monde. Chacun en s'approchant
de madame Necker, disait un mot à
sa fille, lui faisait un compliment ou
une plaisanterie.... Elle répondait à

tout avec aisance et avec grâce ; on
se plaisait à l'attaquer, à l'embarras-
ser, à exciter cette petite imagination qui se montrait déjà si brillante.
Les hommes les plus marquans par
leur esprit, étaient ceux qui s'attachaient davantage à la faire parler.
Ils lui demandaient compte de ses
lectures, et lui donnaient le goût de
l'étude en l'entretenant de ce qu'elle
savait ou de ce qu'elle ignorait. »

~~~~~~~~~~

Un homme connu sous plus d'un
régime, lui ayant dit, après la ba-
taille de Waterloo, que Bonaparte
n'avait ni talent, ni courage : *C'est
aussi par trop rabaisser la nation
rançaise et l'Europe*, lui répondit-
elle, *que de prétendre qu'elles aient*

17

obéi quinze ans à une bête et à un poltron.

~~~~~~~~~

Elle avait la conscience de sa supériorité, et comme J.-J. Rousseau, elle n'avait pas la fausse modestie de la désavouer ; par fo. elle a dit de tel auteur cité : *il n'es pas mon égal, et si jamais nous nou battons il sortira boiteux de la lutt*

FIN.

www.ingramcontent.com/pod-product-compliance
Lightning Source LLC
Chambersburg PA
CBHW072226270326
41930CB00010B/2016